Anita Ericson (Text) · Gregor Semrad (Fotos)

HALLSTATT

DACHSTEIN · SALZKAMMERGUT

Leopold Stocker Verlag
Graz – Stuttgart

Umschlaggestaltung: Werbeagentur Rypka GmbH., A-8143 Dobl/Graz
Umschlagfoto Vorderseite: Die berühmteste Ansicht von Hallstatt am See
(Foto: Gregor Semrad)
Umschlagfotos Rückseite: Feste, Trachten und Bergwelten im Salzkammergut
(Fotos: Gregor Semrad)
Bildnachweis Innenteil: 13 (oben), 28: © Museum Hallstatt / 43 (unten):
© Foto Janu / 50: © Angelika Pilz; alle anderen Bilder stammen von Gregor Semrad.

Übersetzung ins Englische (Vorwort, Summarys, Bildunterschriften, Cover): Alan Yates

Bibliografische Information Der Deutschen Bibliothek
Die Deutsche Bibliothek verzeichnet diese Publikation in der Deutschen Nationalbibliografie; detaillierte bibliografische Daten sind im Internet unter http://dnb.ddb.de abrufbar.

Hinweis: Dieses Buch wurde auf chlorfrei gebleichtem Papier gedruckt. Die zum Schutz vor Verschmutzung verwendete Einschweißfolie ist aus Polyethylen chlor- und schwefelfrei hergestellt. Diese umweltfreundliche Folie verhält sich grundwasserneutral, ist voll recyclingfähig und verbrennt in Müllverbrennungsanlagen völlig ungiftig.

ISBN 978-3-7020-1187-1

Layout und Repro: Werbeagentur Rypka GmbH., A-8143 Dobl/Graz
Gesamtherstellung: Druckerei Theiss GmbH, A-9431 St. Stefan
Printed in Austria

Inhalt

„Die alpine Region Hallstatt – Dachstein – Salzkammergut ist ein außergewöhnliches Beispiel einer Naturlandschaft von einzigartiger Schönheit und wissenschaftlicher Bedeutung, die auch Zeugnis von früher wirtschaftlicher und kultureller Aktivität ablegt. Sie verbindet alles zusammen auf harmonische und sich gegenseitig ergänzende Weise." Mit diesen Worten begründete die UNESCO 1997 die Aufnahme Hallstatts in ihre renommierte Welterbeliste. Seither wird der Ort als Kulturerbe geführt; gewürdigt wird die über viereinhalbtausendjährige kulturelle Kontinuität, die auf den Fundamenten der Salzwirtschaft fußt und die sich in der spezifischen Architektur von Hallstatt besonders deutlich manifestiert.

Trotzdem ist nicht bloß der Ort Hallstatt in der UNESCO-Liste zu finden, sondern gleich die ganze Region. Zum einen, weil die Salzwirtschaft viel weitere Kreise zog, wie Sie im Folgenden noch ausführlich nachlesen können, und zum anderen, weil auch die einzigartige Naturlandschaft am Dachstein hervorgehoben wird; auch darüber finden Sie noch viele Details im vorliegenden Buch. Der zur Evaluierung angereiste Experte gab sich schwärmerisch: „Die nominierte Kulturlandschaft mit ihren gewaltigen Bergen, die sich abrupt aus tiefen Tälern erheben, ist dramatisch. Es ist eine mystische Landschaft, abweisend, aber wunderschön. Die Natur dominiert, von den tiefgründigen Seen zu den ewigen Gletschern hoch droben."

Hallstatt ist der Kernpunkt des Ganzen, das architektonische Juwel in atemberaubend schöner Lage. Der bedeutendste prähistorische Fundort Mitteleuropas, mit dem ältesten Salzbergwerk der Welt. Der pittoreske Seeort, dem auch Lebensart und Brauchtum aus dieser langen Historie entsprungen sind. Die eingetragene Region umfasst daneben noch den Dachstein, den Hallstätter See und seine Ufergemeinden sowie den Gosausee. Damit deckt sie sich fast mit dem politischen Bezirk Inneres Salzkammergut, der lediglich im Norden aus der Welterbezone hinausragt. Wir haben in diesem Buch den Rahmen sogar noch ein Stück in Richtung Donau erweitert und bei Bad Ischl die Grenze gezogen – was uns im Hinblick auf die Salzgeschichte logisch erschien.

Auch wenn sich der Begriff Salzkammergut heute überregional für die gesamte Seenlandschaft vom Oberösterreichischen bis hinüber ins Salzburgische und Steirische eingebürgert hat, sind wir bei diesem historisch gewachsenen Kernraum geblieben. Wir wollen nicht leugnen, dass wir uns auch von den Menschen an der Dachsteinnordseite beeinflussen haben lassen, für die das Salzkammergut spätestens am Traunsee endet. So dürfen wir Ihnen heute eine relativ kleine, sehr homogene Gegend präsentieren, die andererseits vielfältig und abwechslungsreich genug ist, um viele Seiten – wie wir hoffen – kurzweilig und anregend zu füllen. In diesem Sinne wünschen wir Ihnen viel Spaß beim Blättern und Lesen und ganz besonders beim eigenen Entdecken der Welterberegion Hallstatt–Dachstein–Salzkammergut.

Anita Ericson & Gregor Semrad

"The Hallstatt–Dachstein/Salzkammergut alpine region is an outstanding example of a natural landscape of great beauty and scientific interest which also contains evidence of a fundamental human economic activity, the whole integrated in an harmonious and mutually beneficial manner." With these words UNESCO formalised the admission of Hallstatt into the list of illustrious World Heritage Sites for Cultural Heritage in 1997. Since then the reputation of the town has grown due to having been listed as a Cultural Heritage Site of the World as well as due to its unbroken four and a half thousand years of cultural continuity with its origins in the salt mining industry. It is the entire region that makes up the UNESCO site, not just the town of Hallstatt. This is because on one hand the salt industry is spread throughout the region, and on the other hand due to the unique nature of the Dachstein Mountain as will be described herein. It also finds expression in the particularly distinct style of the Hallstatt architecture. One of the UNESCO evaluators expressed his opinion of the site in the following effusive terms: "This nominated landscape, with enormous mountains that rise abruptly from deep valleys, is dramatic. It is a mystical landscape, intimidating but wonderful. Nature dominates from the profound lakes up to the eternal glaciers on the summits."

Hallstatt is located at the centre of this entirety; an architectural jewel set in a breathtakingly beautiful crown. It is the most important discovery of prehistoric significance in Middle Europe and the oldest salt mine in the world. Hallstatt: today a picturesque lakeside town with a lifestyle and traditions dating back to around 5000 BC. The officially registered region comprises the Dachstein Mountain, Lake Hallstatt including its waterside villages, and Lake Gosau. So the World Heritage site is virtually the entire political district of the Inner Salzkammergut. However, in our discussion of Hallstatt we have looked as far as the River Danube and the Bad Ischl boundary in order to be governed by the reaches of the salt history rather than by mere political confines.

Although the term "Salzkammergut" is now broadly regarded as the entire lake-district from Upper Austria to Salzburg and to the province of Styria, our interest is specifically the more historically renowned central area. We do not deny having been influenced by the proud inhabitants of the northern range of the Dachstein Mountain in whose opinion the Salzkammergut extends to the shores of the Lake Traun. So our subject is in fact a relatively confined homogenous area which is nevertheless sufficiently versatile and diverse to fill many pages, with, we trust, amusement and stimulation. And so we hope to offer you entertainment as you leaf through the pages of our book and perhaps for the first time discover something of the richness of the World Heritage Site of Hallstatt – Dachstein – Salzkammergut.

Anita Ericson & Gregor Semrad

SALZBERG

Am Anfang war das Salz

Salz konserviert. Als Bergleute 1734 bei ihrer Arbeit im Hallstätter Salzbergwerk einen toten Kameraden fanden, sah er aus wie vor wenigen Tagen verstorben. Tatsächlich lag er bereits 2000 Jahre länger an Ort und Stelle. Das stellte sich allerdings erst viel später heraus, weil die erschrockene Gemeinde in diesen abergläubischen Zeiten den Toten bald wieder verscharren ließ. Noch einmal hundert Jahre sollte es dauern, bis man die Spuren der prähistorischen Siedler endgültig ans Tageslicht holte. Das große Verdienst gebührt dabei Johann Georg Ramsauer, dem damaligen Betriebsleiter des Salzbergwerks. Der war neugierig geworden, als man 1846 bei der Aushebung einer Schottergrube Scherben und Knochen fand. Er brach die Arbeiten ab, ließ vorsichtig weitergraben und stieß dabei schließlich auf jenes Gräberfeld, das den Ort Hallstatt weltweit bekannt machte. Ramsauers Umsicht ist der Grund, warum man Hallstatt heute in der Liste des UNESCO-Welterbes, in den Programmen sämtlicher Reiseveranstalter von Amerika bis Korea findet und – in aller Bescheidenheit – wir dieses Buch Hallstatt widmen. Tatsächlich: Das Bilderbuchdorf ist nicht durch seine Schönheit, sondern durch seine Scherben zu Weltruhm gelangt.

Johann Georg Ramsauer ließ im Laufe von 17 Jahren die unglaubliche Anzahl von 980 urgeschichtlichen Gräbern freilegen und begründete damit das Ansehen Hallstatts in der gelehrten Welt. Obwohl Ramsauer kein Archäologe war, führte er die Grabungen gewissenhaft, um nicht zu sagen, pedantisch durch, dokumentierte jedes gefundene Stückchen, ließ vom Hallstätter Isidor Engl Aquarelle und Skizzen der Fundgegenstände anfertigen, vermaß

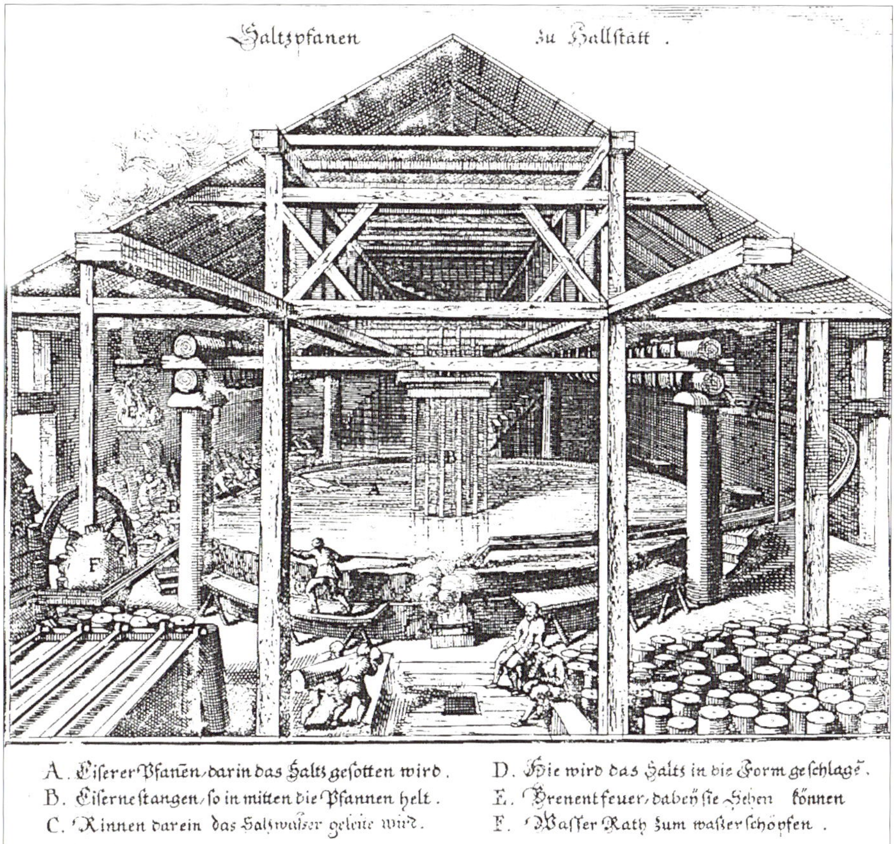

Bild linke Seite:
Gräberfeld am Salzberg
Burial ground at the Salt Mountain

Bild links:
Die Salzpfanne zu Hallstatt
(Stich aus der „Topographia" des Matthäus Merian, ca. 1679)
The Hallstatt "Salzpfanne"
(From a series of engravings entitled "Topographia" by Matthaus Merian, ca. 1679)

Bild unten:
Johann-Georg-Ramsauer-Denkmal am Salzberg
The Johann-Georg-Ramsauer Memorial on the Salzberg

die Gräber und trug jedes Maß in sein Buch ein. Er arbeitete mit der leidenschaftlichen Gründlichkeit des Laien, um nichts weniger exakt als damals die Gelehrten. Rasch erkannte er das Potential der Fundstätte, uns einen völlig neuen Blick in die Urzeit zu eröffnen. Diese Bedeutung wurde von den Wissenschaftlern auch bald bestätigt: Auf einem internationalen Kongress 1873 bekam die ältere Eisenzeit den Titel Hallstattzeit, während man der jüngeren den Namen La-Tène-Zeit gab, ebenfalls nach ihrem Fundort (Westschweiz) benannt.

Zeiten nach ihren wichtigsten Fundstätten zu benennen, ist in der Archäologie ein übliches Verfahren. Für den Zeitraum von ca. 800 bis 450 vor Christi galt damals und gilt bis heute das Gräberfeld von Hallstatt als das wichtigste Zeugnis mitteleuropäischer Kultur. Das meiste, was wir von dieser Epoche der Menschheitsgeschichte in unseren Breiten wissen, haben Wissenschaftler aus den Grabfunden Hallstatts herausgelesen. Die Bedeutung des Gräberfeldes liegt einerseits in seiner Größe, andererseits in seiner Kontinuität, da es über die gesamte Zeitepoche der älteren Eisenzeit in Verwendung war. Man findet in den ältesten Gräbern Stücke, die noch in der Tradition der Bronzezeit liegen, und in den jüngeren Gräbern Beigaben, die bereits erste keltische Merkmale aufweisen.

An dieser Stelle möchten wir zunächst einen verbreiteten Irrtum aufklären: Die Träger der Hallstattkultur waren keine Kelten, eher deren Vorläufer. Europa wurde ja bereits ab rund 5000 vor Christi von verschiedenen Stämmen und Völkern nach und nach besiedelt. Im Raum Schwarzwald/heutiges Ostfrankreich siedelten die Kelten, die das erste urgeschichtliche Volk sind, für das wir dank griechischer Quellen heute einen Namen haben. Erst im Laufe der Zeit gewannen sie europaweit an Einfluss und durchdrangen autochthone Kulturen. So wurde auch in Hallstatt die Hallstattzeit um rund 450 vor Christi von der La-Tène-Kultur abgelöst, deren Träger erwiesenermaßen die Kelten waren.

Für den Archäologen ist die ethnische Zugehörigkeit der Menschen aber ohnedies zweitrangig, in seiner Wissenschaft geht es um die Zuordnung zu einer Kultur, die sich vorwiegend durch materielle Merkmale definiert – was durchaus interessante Sichtweisen ergibt: Nach dem Siegeszug von Coca Cola und Windows könnte man heute, archäologisch gesehen, nahezu weltweit von einer Amerikakultur sprechen.

Bleiben wir in der Urzeit: Die Hallstattkultur reichte von Frankreich bis Ungarn. Die zweite wichtige Fundstelle für diese Vorgeschichtsperiode ist das Bergwerk gleich neben dem Gräberfeld. Wahrscheinlich hatten schon die ersten Siedler versucht, aus der Quellsohle, die im Berg auf natürliche Weise ausgelaugtes Salz an die Oberfläche bringt, Salz zu gewinnen. Beweise für einen richtigen Bergbaubetrieb gibt es jedoch erst für die Zeit ab rund 1500 vor Christi. Man hat aus diesem Zeitraum Werkzeuge wie auch Grubenkonstruktionen gefunden, darunter die älteste Holzstiege der Welt. Dem Bergwerk kommt in der Archäologie gleichermaßen Bedeutung zu wie dem Gräberfeld, da erstens im Salz auch organische Materialen konserviert sind, die sonst längst verrottet wären – Felle, Leder, Wolle, Grasschnüre, Speisereste oder Holz –, und es zweitens das älteste Salzbergwerk der Welt ist. Und mit jeder Grabung datiert man den Betrieb noch ein Stück zurück und macht es so immer älter. Im Gegensatz zu unsereins sind Archäologen aufs Alter stets stolz.

Ausgrabungsleiter Hofrat
Dr. Anton Kern beim Vermessen
Dr Anton Kern, head of
archaeological excavation,
taking measurements

Diese Urgeschichte Hallstatts wäre mit Sicherheit anders geschrieben worden, gäbe es hier kein Salz. Das, was wir heute so achtlos im Supermarkt kaufen, ist ein lebenswichtiger Mineralstoff für unseren Körper. Deswegen finden wir schon rein instinktiv, dass Suppe, Gemüse oder Fleisch ohne Salz einfach fad schmecken. Ähnlich ging es den vorchristlichen Menschen, die, was auch immer sie am Speiseplan hatten, nicht aufs Salz dazu verzichten wollten, nachdem sie es einmal probiert hatten. Weiters wurde Salz zum Konservieren von Lebensmitteln verwendet; es war damit quasi Kühlschrank und Tiefkühltruhenersatz und hat die Menschheit möglicherweise sogar ein Stückchen mobiler gemacht: Mit eingepökelten Lebensmitteln im Rucksack war man nicht davon abhängig, ständig frisches Essen heranzuschaffen, und konnte sich aufs Umherstreifen und Erkunden fremder Gegenden konzentrieren.

Salz gilt als das weiße Gold. Politische Auseinandersetzungen und Kriege wurden ums Salz ebenso geführt, wie mit Preis, Fördermenge und Importbeschränkungen Wirtschaftspolitik gemacht wurde. Heute ist der Streit ums Salz weitgehend vom Streit ums Erdöl abgelöst worden, was aber nicht heißt, dass Salz überflüssig geworden wäre. Es hat im Gegenteil im Laufe der Jahrhunderte seine Anwendungspalette noch erweitert: Es wird zur Herstellung von Papierfasern genauso benötigt wie zur Produktion von Seifen und Lippenstiften. Viele moderne Textilfasern, Aluminium, Leder und Gummi haben

Bild links:
Salzkristalle
Salt crystals

Bild unten:
Archäologische Arbeit am Gräberfeld
Archaeological work at the burial ground

Bild oben:
Die Harpunenspitze ist einer der jüngsten Funde.
One of the earliest discoveries was the tip of a harpoon.

Bild rechts:
Schlägel und Eisen an der Turmspitze des Salinenbetriebsgebäudes symbolisieren den Bergbau.
The iron hammers on the top of the spire of the saline works symbolise mining.

irgendwo in ihrem Produktionsprozess ein Quäntchen Salz dabei. Nicht daran zu denken, was sich auf unseren Straßen im Winter abspielen würde, gäbe es kein Salz, das die Glattstellen abschmilzt. Das staatliche Salzmonopol als Nachfolger des prähistorischen Bergbaus fiel im Übrigen erst knapp vor der letzten Jahrtausendwende mit dem Beitritt Österreichs zur Europäischen Union.

Um dem Salz auf den Grund zu gehen, müssen wir in der Erdgeschichte ein paar Millionen Jahre weiter zurückgehen. Konkret ins Paläozoikum, als vor zirka 240 Millionen Jahren ein seichtes Meer weite Teile Europas, darunter auch die Gegend um Hallstatt, bedeckte. Es gab noch keine Alpen, das Klima war sonnig und warm. In gut geschützten Lagunen verdunstete nach und nach das Wasser, zurück blieb das Meersalz, das im Laufe der nächsten Jahrmillionen immer mehr von Gesteinsschichten überlagert wurde. Mit der Auffaltung der Alpen vor rund 50 Millionen Jahren kam das Salz in den Berg – nicht nur in Hallstatt, sondern in einer salzführenden Zone, die sich quer zum Nordkamm der Kalkalpen erstreckt. Hall in Tirol, Bad Reichenhall, Hallein und Bad Hall liegen ebenfalls entlang dieser Linie.

Die Wissenschafter streiten sich darum, ob der Wortstamm „Hal" nun germanischen, keltischen, lateinischen oder griechischen Ursprungs ist. Glücklich, wer keine anderen Sorgen hat, wir vermerken: Wo „Hal" im Namen ist, ist Salz nicht weit.

Für die prähistorischen Menschen in Hallstatt war das Salz Quelle von Wohlstand und Reichtum. Man darf sich das nicht so vorstellen, dass ein paar Bauern auf gut Glück für sich alleine im Fels gekratzt hätten – das Bergwerk und die Salzwirtschaft waren straff organisiert. Jeder in der Siedlung lebte

Bild oben:
Berggasthof Rudolfsturm
The Rudolfsturm mountain inn

Bild rechts:
Salzbergbahn
The salt mountain mine railway

davon. Das Ganze war wie in einem modernen Konzern arbeitsteilig geregelt: Während die einen das Salz aus dem Berg holten, brachten die anderen die Ware zum See und die Dritten kümmerten sich um den Weitertransport.

Archäologie ist für den Laien ja meist eine sperrige Sache, ein paar zerbrochene Tonkrüge oder Reste von Knochen sind wenig anschauliches Material. Profis lesen aus solchen Stücken jedoch spannende Details, die sie nach und nach zu einem Puzzle der Urzeit zusammensetzen. Die meisten der heute noch gültigen Theorien stammen von Dr. Fritz Eckart Barth vom Naturhistorischen Museum in Wien. An seine Erkenntnisse knüpft die jüngste Grabungskampagne am Gräberfeld an. Hofrat Dr. Anton Kern, Leiter der prähistorischen Abteilung im selbigen Museum, ist seit Wiederaufnahme der Grabungen 1994 dabei. Er und seine Mitarbeiter haben seither 85 Gräber entdeckt, ausgegraben und daraus erstaunliche Dinge über das Leben in der älteren Eisenzeit rekonstruiert. Dr. Anton Kern: „Wir sind draufgekommen, dass es hier viel mehr Gräber gibt als ursprünglich angenommen. Die Dimension der urzeitlichen Siedlung ist damit wesentlich größer, als wir früher dachten." 1500 Gräber sind derzeit entdeckt, man schätzt, dass es in Summe an die 4000 gibt. „Davon lässt sich hochrechnen, dass hier 150–200 Leute gelebt und gearbeitet haben", erzählt Kern weiter. Das mag im Zeitalter der Megastädte wenig klingen, für urzeitliche Verhältnisse war das enorm. Dafür musste es eine ziemlich ausgeklügelte Logistik gegeben haben, denn „Ackerbau wurde auf so engem Raume sicher nicht betrieben", führt Dr. Anton Kern weiter aus. Das heißt, dass der Bergwerkskonzern Hallstatt sich nicht nur um Salzproduktion und -vertrieb kümmerte, sondern es durchaus auch Zuständigkeiten für die Nahrungsmittelbeschaffung gab. Weitere mögliche Berufs-

muster: Eisenschmied für Werkzeugreparaturen, Zimmermann für die Grubenkonstruktionen oder Holzarbeiter für die Kienspanfertigung.

Das Einkommen aus dem Salzbergwerk war reichlich, die Leute konnten sich neben Waren des täglichen Bedarfs allerlei Luxusgüter leisten, beispielsweise Schmuck und Waffen aus edlen Materialen wie Gold, Elfenbein und Bernstein. Womit sicher ist, dass schon zur Eisenzeit ein ziemlich weitverzweigtes Netz an Handelsstraßen Europa überzogen haben muss. Der Reichtum war innerhalb der Hallstätter Gemeinschaft gut verteilt. Kern: „Wenn wir davon ausgehen, dass Gräber der Spiegel des Lebens sind, dass also reiche Menschen auch reich bestattet wurden, so können wir sagen, dass die Leute hier wohlhabend waren. Es gab eine kleine Oberschicht und eine sehr breite Mittelschicht." Möglicherweise gab es so etwas wie Fürsten, was die paar wenigen besonders reichlich ausgestatteten Gräber erklären würde, ob das nun aber kleine lokale oder mächtigere regionale Herrscher waren, weiß man nicht.

Die Archäologie ist überhaupt eine Wissenschaft, die viel mit Vermutungen und Thesen arbeiten muss, weil man ohne schriftliche Aufzeichnungen eben auf Interpretationen angewiesen ist – was die Sache wiederum so spannend macht. Laut gängiger Lehrmeinung jedenfalls war nicht nur der Wohlstand, sondern auch die Arbeit in Hallstatt relativ gleichmäßig verteilt, man fand sowohl an männlichen als auch an weiblichen Skeletten schwere Abnützungsspuren, wie sie nur durch harte Arbeit im Bergwerk entstehen konnten. Alle Individuen, vom Kind bis zum Greis, waren in den Kreislauf eingebunden, weder ein Nein zur Kinderarbeit noch Pflegegeld waren damals am Tapet.

Bergbautechnisch konstatiert man einen Übergang von der bloßen Bröselsalzgewinnung zur plattenförmigen Produktion, wie sie in der Neuzeit beispielsweise für Tibet oder die Sahara charakteristisch ist: Aus dem Bergwerk brach man herzförmige Platten von 30 bis 200 kg oft nahezu pures Salz heraus. In dieser Form wurde es zum Markt transportiert und dort vom Händler in praktische Kleinteile geschlagen.

Mit der Hallstattzeit ging der Salzbergbau nicht unter. Allerdings möchten wir hier einen weiteren Irrtum berichtigen: Für die Behauptung, dass das Salzbergwerk von Anbeginn bis in unsere Zeit ununterbrochen in Betrieb war, fehlen die Beweise. Zunächst verschüttete im 4. Jahrhundert eine Mure den Berg und die Siedlung, erst fürs 1. Jahrhundert gibt es wieder stichhaltige Anzeichen, dass es erneut in Betrieb war. Die Bewohner hatten nach der Katastrophe ihre Siedlung auf die Dammwiese oberhalb vom verschütteten Hochtal verlegt und arbeiteten in einem etwas westlicheren Teil des Bergwerks. Zu dieser Zeit spricht man bereits von der keltischen La-Tène-Kultur. Knapp vor Christi Geburt kamen dann die Römer in die Region, wahrscheinlich angezogen vom weißen Gold. Sie ließen sich im Gegensatz zu ihren Vorgängern, die die Nähe zum Bergwerk bevorzugten, erstmals in großem Stil unten am See nieder und legten damit gewissermaßen den Grundstein fürs heutige Hallstatt. Ob es nun Römer waren, die hier wohnten, oder romani-

Bild rechts:
Blick vom Rudolfsturm auf Hallstatt
View of Hallstatt from the Rudolf Tower

Hotel Grüner Baum

sierte Kelten, weiß man nicht, sicher ist nur: Es waren keine armen Leute, die da in Villen mit Fußbodenheizung residierten.

Mit der Zerstörung des Römischen Reichs im 5. Jahrhundert verlieren sich sämtliche Spuren in den Wirren der germanischen Völkerwanderung. Wahrscheinlich ist, dass die Salzproduktion zwar ihre überregionale Bedeutung einbüßte, auf lokaler Ebene aber nach wie vor im Gange war. Denn plötzlich war Salz mit dem Auftritt der ersten Habsburger in Österreich wieder das große Thema. Gleich der erste Landesherr über Österreich und die Steiermark, Albrecht I. von Habsburg, errichtete im ausgehenden 13. Jahrhundert am Hallstätter Salzberg einen Turm als Wehr- und Befestigungsanlage, der nach seinem Vater Rudolfsturm benannt wurde. Bald darauf brach der so genannte Salzkrieg aus, in dem sich der Habsburgerherzog und der Salzburger Erzbischof Konrad IV. um die Salzrechte stritten. Albrecht blieb siegreich, und das war der Start einer Entwicklung, die für über siebenhundert Jahre das Salz zum alles beherrschenden Faktor einer noch viel größeren Region als bisher machte: vom Dachstein bis an die Donau. Nach wie vor ist das Hallstätter Salzbergwerk in Betrieb und damit eines der letzten drei in Österreich. In Summe werden rund eine Million Tonnen Salz jährlich produziert, der Großteil davon landet allerdings nicht mehr im Essen, sondern bei Schneefall und Glatteisgefahr auf den winterlichen Straßen.

Johann Georg Ramsauer wohnte als Betriebsleiter im Rudolfsturm, heute lockt dort ein Café, das eine prächtige Aussicht bietet. Der Blick von der Terrasse auf Hallstatt, den See und das Dachsteinmassiv ist geradezu postkartenkitschig, die hausgemachten Mehlspeisen dazu ausgesprochen köstlich. Den Hang hoch liegt das Bergwerk und zu Füßen breitet sich das Gräberfeld aus, an dem bis vor kurzem noch die meisten Besucher achtlos vorbeigelaufen sind: Es gab einfach nichts zu sehen außer einer ungemähten Wiese. Nun hat man unter anderem ein begehbares Schaugrab an Ort und Stelle eingerichtet, wo Besucher zumindest einen kleinen Einblick in das bekommen sollen, was Archäologen in Begeisterung versetzt.

Tiefer in die Geheimnisse des Gräberfeldes dringt man bei einer geführten Gräberfeldwanderung. Hier hört man, dass die Gräber oft bloß 30 Zentimeter unter der Erde versteckt waren, dass es andererseits aber ziemlich schwierig war, ihren Inhalt freizulegen: Wo in der Hallstattzeit noch eine gerodete Lichtung war, sind im Laufe der Zeit Bäume gewachsen, deren Wurzeln heute die Grabbeigaben fest im Griff haben. Diese Rodung war wahrscheinlich auch der Grund, warum die große Mure abging, die das Bergwerk noch vor unserer Zeitrechnung verschüttet hatte. Weiters wird dem Besucher erzählt, dass vor wenigen Jahren auch außerhalb des bekannten Terrains weitere Gräber gefunden wurden – Hobbyarchäologen hatten diesen aufsehenerregenden Fund etwas weiter unten am Hang gemacht.

Gegen Ende der Gräberfeldtour passiert man einen unscheinbaren Unterstand aus Blockholz. Er steht genau an der Stelle, an der die Archäologen im Boden auf Holzreste gestoßen waren. Zunächst dachten sie an eine Hütte, Dr.

Barth wurde aber stutzig, weil zu viele Schweineknochen rundum vergraben waren. Er konnte durch einen Zufall eine Theorie entwickeln, die nach dem gängigen Stand der Dinge noch immer ihre Gültigkeit hat: Die alten Hallstätter unterhielten am Berg Pökelstationen für Hundertschaften von Schweinen, die sie aus klimatisch begünstigteren Landstrichen anliefern ließen. Zur endgültigen Reife hängten sie die eingesalzenen Schweinestücke ins Bergwerk, wo optimale Trocknungsbedingungen vorherrschen, wie Feldversuche von Dr. Barth beweisen, der sich die Qualität seines Bergwerksschinkens sogar von spanischen Instituten bestätigen ließ, die ansonsten Jamón Serrano verkosten. Diese Theorie besagt weiters, dass Schweineschinken in großem Rahmen industriell produziert und gegen gutes Geld verkauft wurde. War es doch nicht nur das Salz im Rohzustand, das den frühen Hallstättern zu Reichtum verhalf?

Auf zur Bergwerksführung
The start of the tour through the mine

Wie bereits erwähnt: Archäologie ist eine wenig anschauliche Wissenschaft, die viel auf Indizien und Vermutungen beruht, und die Fragen werden auch nicht weniger, sondern eher mehr. So steht man derzeit beispielsweise vor dem Rätsel, was die Hallstätter mit jener Riesenharpune angefangen haben, die bei der letzten Grabungssaison ans Tageslicht befördert wurde. Wäre Inspektor Columbo nicht zur Polizei gegangen, hätte er in diesem Metier Karriere machen können.

Rein optisch gibt das Salzbergwerk für den Laien mehr her als das Gräberfeld. Über den Christina-Stollen, der 1719 aufgeschlagen wurde, geht man tief in den Berg hinein, die Beklemmung wächst mit jedem der 250 Meter, die man sich vom Eingang entfernt. Wenigstens sind die Gänge gut ausgebaut und großzügig erhellt. Wirklich schlimm hingegen ist die Spezialführung, die

Kindern macht vor allem das Rutschen Spaß.
Children particularly enjoy the slide.

Bild oben:
Hallstatt vor dem Bau der Seestraße in den Jahren 1890/91 (Lithographie „Halauska gem. Druck v. Reiffenstein & Rösch", um 1855)
Hallstatt prior to the construction of the lake road in the years 1890/91 (Lithography "Halauska gem. Druck v. Reiffenstein & Rösch", circa 1855)

Bild rechts oben:
Ausfahrt mit der Grubenbahn
Exit of the mine railway

Bild rechts unten:
Blick von der Bergstation
View from the mountain station

tief in den prähistorischen Teil des Bergwerks führt. Wer zur Klaustrophobie neigt, dreht rasch wieder um. Kaum vorstellbar, dass die Bergmänner in vorgeschichtlichen Zeiten lediglich zum Licht ihrer Kienspäne immer weiter in den Berg vorgedrungen sind und dabei die Stollen ja erst in den Berg hauen haben müssen. Bei einer täglichen Arbeitszeit von zwölf Stunden dauerte es rund einen Monat, bis ein Meter Streckenvortrieb geschafft war. Angesichts dieser Rechnung sind die rund vier Kilometer prähistorischer Stollengang ein Beweis für die Kontinuität der Arbeit im Bergwerk und eine sensationelle Leistung der damaligen Bergmänner. Bis zu 330 Meter gingen sie damals unter Tag, wo das Salz ausschließlich im Trockenabbau gewonnen wurde: In großen Blöcken wurde das stark salzhaltige Gestein aus dem Berg gebrochen und in Fellsäcken ins Freie transportiert.

Heute machen Maschinen die meiste Arbeit, und dennoch ist Bergmann kein alltäglicher Beruf geworden. Es ist ein Maulwurfdasein bei frischen acht Grad. Die Kinder freilich, die hier schulklassenweise einfallen, empfinden das Bergwerk als Gaudi. Großer Jubel bei den Rutschen, die in traditioneller Weise bergab führen; besonders an der zweiten Rutsche, der längsten Holzrutsche Europas, wo am Ende die Rutschgeschwindigkeit gemessen wird. Viel Staunen bei der audiovisuellen Show im zu einem Bergwerkskino ausgebauten Saal mitten im Salzgestein. Viele Fragen im Hörnerwerk am unterirdischen Salzsee. Viel Freude beim Aufsitzen am Zug, und hier stimmt man als Erwachsener mit ein: Wenn das Licht am Ende des schlauchartigen Tunnels langsam näherkommt und man endlich wieder im warmen Sonnenlicht steht, fühlt man sich ungemein befreit. Zum Knappen muss man offensichtlich geboren sein – oder Hallstätter sein. Was letztlich irgendwie auf das Gleiche rauskommt.

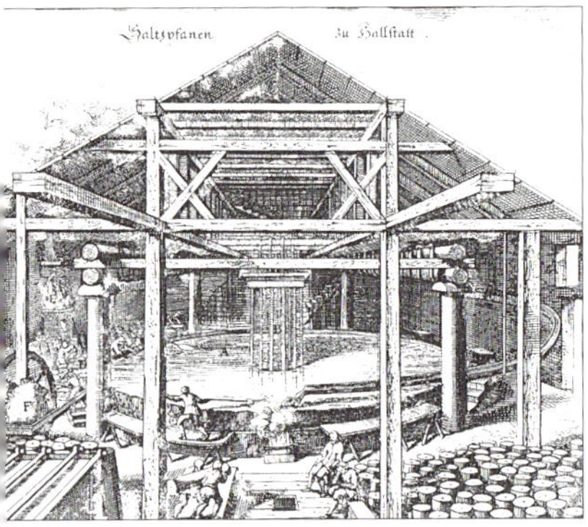

Summary *Chapter 1:*
Salzberg: In the Beginning there was Salt

Recognition of Hallstatt's former glory is largely due to one Johann Georg Ramsauer. While manager of the salt mine in 1846 he became extremely curious when a quantity of potsherds and bones were discovered during the excavation of an old gravel-pit. He immediately ordered that all work be stopped and issued instructions to proceed only with methodical care. In so doing he saved for posterity the burial ground that has since made the village of Hallstatt world renowned as the site of a fully operational prehistoric salt mine. Its actual significance and its scale grew as more of the site was revealed. Over a period of 17 years Mr. Ramsauer unearthed a total of 980 prehistoric graves and so established Hallstatt's place among archaeological scholars. At an international archaeological congress held in 1873, the period previously known as the "Older Stone Age" was renamed the "Hallstatt Age". Time has not reduced its stature; the burial ground in Hallstatt, which is dated from circa 800 to 450 BC, is widely regarded as the most important archaeological record of Middle European culture and the main source of our scientific knowledge about this early epoch in mans' history.

A second significant archaeological site of this prehistoric period is the world's earliest salt mine located immediately adjacent to the burial ground. There is evidence to show that even the first settlers in the area had attempted to win salt from the earth by means of using very crude methods. Further evidence indicates that methods improved and that by circa 1500 BC relatively sophisticated salt extraction techniques were in use including found mining tools and other equipment and a wooden staircase regarded as the oldest ever found in the world. Archaeologists accord the burial ground and the salt mine equal significance. In addition to its archaeological importance, the presence of the salt has resulted in the preservation of materials which would ordinarily have long since rotted and disintegrated, such as animal hides and skins, wool, grass cords, food remains, and various other wooden items. Continuing excavation of the site is producing evidence to suggest that the salt mining operations may have commenced even earlier than originally suspected.

Salt was the source of great wealth and fortune for the prehistoric Hallstatt man. In addition to his day-to-day needs, evidence shows that he was able to afford the luxury goods of the time: jewellery made of gold, ivory, and amber have been discovered as well as weapons also fashioned from noble materials. The salt trade was a rigidly organised industry. Everyone in the settlement was employed in the industry and division of labour was practised: some specialised in the actual mining, others in the land transportation of the salt or in the shipping of it across the lake, and still others in the subsequent commercial transactions.

To date 1 500 graves have been discovered of an estimated 4 000 in total although it seems that the settlement comprised of between 150 and 200 persons only at any one time according to Hofrat Dr. Anton Kern, head of the Department of Prehistory at the Museum of Natural History in Vienna, and who was for many years personally involved in the excavations. By today's standards a settlement of 150 to 200 persons may seem insignificant but in the very different prehistoric times it was a relativily

large population. Furthermore, in the opinion of Dr. Kern, it suggests a very sophisticated civilisation in that the agriculture required to sustain the populace could not have taken place at the site. Accordingly, there must also have been an reliable food acquisition and distribution operation necessary for the community. Logically, other business activities within the community at Hallstatt would have included the manufacture and repair of tools by blacksmiths, the supply of the timber work required for the props and supports in the mine by carpenters, and the sourcing and supplying of the pine resin fuel used for the illumination of the mine, among others.

In archaeological terms the Hallstatt Period was succeeded by the La-Tène-Culture but salt mining continued. A mud avalanche buried the mine and the settlement in the fourth century BC but there is evidence of renewed operations dating back to the first century BC. However, all traces of life and work at Hallstatt disappeared during the period of the migration of the Germanic nations. It would appear that from this period salt production began to lose its supra regional importance although it did

continue as a local industry and indeed salt mining is documented as having continued without interruption from the time of the Habsburg dynasty in the Middle Ages to the present time. Today, the salt mine at Hallstatt is one of three still in operation in Austria.

Most of the visitors to Hallstatt, making their way from the mountain station of the Salzberg cable car to the salt mine, are unaware of the archaeological importance of the burial ground. The salt mine is a well known tourist attraction but guided tours of the burial ground are also in fact offered to visitors. Furthermore, it is possible to take the pathway via the "Christina-Stollen" (Christina-Tunnel), which leads deep into the mountain and was cut in 1719. One can but marvel at the courage of the early miners who first cut the tunnel into the mountain using crude implements and under poor lighting. The claustrophobia they must have may still be sensed. A distance of 330 metres is necessary to reach the best quality salt found in the dry parts of the underground workings. This rock salt was carved out in large blocks and physically taken out of the mountain in sacks of animal hide. Modern mining techniques are now used but the miners' lot is still by no means a happy one. He remains a mole working in a confined environment at a constant 8° C. For the visiting school children it is all a novelty and their tours are designed to be fun, the highlight being a ride on Europe's longest wooden slide and the more competitive visitors can even have the time taken of their ride.

HALLSTATT

Ein Dorf als Star

Die Bahnstation von Hallstatt liegt am Ostufer des Hallstätter Sees, der Ort selbst am gegenüberliegenden Westufer. Zu jedem ankommenden und wieder abfahrenden Zug gibt es eine Fähre, die den Reisenden quer über den See bringt. Speziell Erstbesuchern sei für die Anreise die Zugsfahrt empfohlen, der Weg übers Wasser ist die beste Annäherung an diesen vom Berg bedrängten Ort. Zunächst einmal ist man überwältigt vom Panorama, in das man geraten ist. Je nach Tageszeit und Wetter ist der See stahlblau, dann wieder fast schwarz und an heiteren Tagen hat er einen Stich ins Grüne. Seidig schimmert darüber die meiste Zeit das Spiegelbild der Berge, weil Winde hier nur selten wehen. Saftige Wiesen säumen die Ufer, dunkle Nadelwälder die unteren Hänge der Berge, die oben karg und felsig sind und aus dem See zu wachsen scheinen.

Das Boot fährt direkt auf die steilen Wände des Plassen zu, an dessen Fuß ein schmales Band aus Häusern klebt: Hallstatt. Eine Kirche thront etwas erhöht über diesem Ensemble, direkt am Ufer eine zweite. Hoch droben wacht der Rudolfsturm über die ganze Siedlung, die sich beim Näherkommen als üppig mit Blumen geschmücktes Postkartendorf präsentiert: gemauerte Häuser mit hohen Giebeln, die Dächer mit Holz gedeckt; Balkone, Mansarden und Erker ebenfalls aus Holz. Je näher die Fähre dem Ort kommt, desto mehr staunt man, wie steil der Berg dahinter ist, gerade mal drei Reihen haben die Hausbauer hier zustande gebracht, bevor sie den Hang dem Wald überlassen haben.

An der Schiffsanlegestation ist man gleich mittendrin. Direkt am See die verwitterten Holzbretter der Bootshäuser, dann die Promenade und unmittelbar an vorderster Front die ehemaligen Häuser der Salzhändler, die keinen Zweifel daran lassen, dass es sich einst gut vom Salz leben ließ. Sonnige Fassaden, rote Geranien in Blumenkisterln, grüne Fensterläden. Hier und da ein schmiedeeisernes Gitter oder eine Steinmetzarbeit. Dazwischen kleine Gärten mit bunten Blumen und Obstbäumen am Spalier. Der Marktplatz mit seiner Dreifaltigkeitssäule ist genauso malerisch wie die kleinen Gassen, die zu ihm führen, allerdings hat er etwas von einer Puppenstubengemütlichkeit. Spätestens nachdem sich die erste Aufregung über diesen ach so fotogenen Ort gelegt hat, merkt man, wie klein Hallstatt eigentlich ist – mit nicht einmal tausend Einwohnern ein Dorf.

In der Saison von Mitte April bis Mitte Oktober hat Hallstatt etwas von einem weltgewandten Freilichtmuseum, finden sich hier dann doch japanische Reisegruppen, die den hochgehaltenen Schirmen ihrer Fremdenführer folgen, amerikanische Touristen, die entzückt in die Hände klatschen, wie „fantastically real" hier nicht alles sei, koreanische und italienische Pärchen, die mit dem Mietwagen anreisen, oder taiwanesische und spanische Gäste, die mit dem Reiseführer in der Hand die verschiedenen „Sights" abklappern.

Für einen so kleinen Ort hat Hallstatt davon eine ganze Menge, schließlich blickt man auf eine über 4000 Jahre dokumentierte Geschichte zurück. Sagen wir so: Idyllische Orte gibt es viele, geschichtsträchtige auch. Die Hallstätter Kombination indes muss man lange suchen. Ohne die wäre Hallstatt, ganz unter uns, für einen reinen Städtetrip ein wenig zu klein geraten.

Die Geschichte ist bekanntermaßen eng mit dem Salz verbunden, die des eigentlichen Ortes, so wie wir ihn heute am Seeufer finden, fing allerdings erst knapp vor Niedergang der ersten Etappe der Salzwirtschaft an: mit der Ankunft der Römer, als das Bergwerk schon mindestens 1500 Jahre in Betrieb war. Die wollten nicht am Berg wohnen, sondern zogen das Ufer vor. So waren die ersten richtigen Wohnhäuser, die am Ufer dieses Alpensees zu stehen kamen, ausgerechnet römische Villen.

Das ist zumindest momentan die offizielle Version, von der Friedrich Janu weniger überzeugt ist. Herr Janu, Inhaber des Sportgeschäfts, das neben der jeweils zur Jahreszeit passenden Outdoor-Kleidung noch Salzkristallsouvenirs

Bild linke Seite:
Hallstatt ist ein perfektes Fotomotiv und in der ganzen Welt bekannt.
Scenic Hallstatt is a stimulus for photography and is world renowned.

Bild oben links:
Die evangelische Kirche von Hallstatt
The Protestant Church in Hallstatt

Bild oben rechts:
Bunte Blumen schmücken das Dorf.
Colourful flowers decorate the village.

Bilderleiste:
Fritz Janu in seinem Ausgrabungskeller
Fritz Janu in his underground cellar

Fassadendetail
Detail of the front facade

Die Häuser schmiegen sich an den Hang.
The houses huddle together against the hillside.

Die Wege sind kurz, aber steil.
The pathways are short but steep.

Bild rechts unten:
Typisch für das Salzkammergut: Seevilla mit prachtvollen Holzbalkonen
Lake villa with a magnificent wooden balcony typical of the Salzkammergut

und Ansichtskarten, Bücher und Kunsthandwerk verkauft, ist mehr als bloßer Geschäftsmann: er ist Hobby-Archäologe. Seine Leidenschaft begann damit, dass er beim Anlegen eines Heizungskellers im Untergeschoß seines Hauses auf ein paar Mauerreste gestoßen war. Die hatten sich zwar als ziemlich uninteressante Mauern aus der Neuzeit entpuppt, wie sich Fritz Janu erinnert; er war aber neugierig geworden und ließ weitergraben. Groß war seine Freude, als in der Folge Steinplattenböden und Münzen, weitere Mauern und Schmuckstücke zu Tage kamen. In Summe wurden im Laufe der letzten zwanzig Jahre in fünf Grabungen über 30.000 Fundstücke aus allen Epochen zusammengetragen, die noch immer nicht ganz ausgewertet sind. Die Ältesten datieren in die frühe Jungsteinzeit, sind also läppische 7000 Jahre alt. Für Herrn Janu ist das der beste Beweis, dass sich auch schon in prähistorischer Zeit nicht alles nur am Berg abgespielt hat.

Im Keller hat er einen Ausstellungsraum eingerichtet, dessen Rahmen die alten Mauern sind: hier die Reste eines römischen Turms, da die letzten Brocken der massiven Hofburg aus dem Beginn der Habsburgerherrschaft, dort die Überbleibsel der mittelalterlichen Pfannenschmiede. Mit einem Schnipp hat uns Herr Janu von der Römerzeit ins Mittelalter versetzt, die rund tausend Jahre dazwischen liegen nach wie vor im Dunkeln der Geschichte.

Mit dem Erscheinen der Habsburger in der Region begann der zweite Teil der Chronik des Salzbergbaus und damit die Stadtgeschichte Hallstatts erst richtig. Aus diesen Anfangszeiten ist heute stadtarchitektonisch nur wenig zu sehen, ein Brand im September 1750 legte das Holzdorf Hallstatt in Schutt und Asche. Von seiner Grundstruktur her ist es eine spätgotische Bergwerkssiedlung mit spätbarocker Überformung nach der Brandkatastrophe. Das älteste Haus im Zentrum ist das alte Museum, ein wuchtiger Steinbau aus dem 14. Jahrhundert. Ansonsten sind höchstens die steinernen Fundamente

übrig geblieben, auf denen die Häuser dann in barocker Bürgerlichkeit wieder aufgebaut wurden. Kleine Details, wie ein Fensterbogen hier, eine Steinmetzarbeit da, wurden aus den Trümmern geborgen und beim Aufbau miteinbezogen. Wer offenen Auges durch den Ort streift, findet solche gotischen Kuckuckseier an manch barocker Fassade.

Die katholische Kirche, die auf den Grundmauern eines römischen Kastells erbaut wurde, ist eines der ältesten Gebäude außerhalb des brandgeschädigten Zentrums. Ihr Turm ragt seit dem 12. Jahrhundert bescheiden in den Himmel, das Kirchenschiff über dem steil abfallenden Felsen wurde 1505 beendet. In den folgenden Religionsstürmen diente die Kirche mal Katholiken, dann Protestanten, dann wieder Katholiken.

Die Kirche ist auch abseits der geschichtlichen Bedeutung Hallstatts eine herausragende Sehenswürdigkeit. Da ist zum einen der prachtvolle altgotische Doppelflügelaltar, der heute noch in Verwendung ist: Für die meiste Zeit des Jahres, von Ostern bis Advent, wird er in seiner Festtagsdarstellung ganz offen gehalten, im Advent halb geschlossen und zur Fastenzeit ganz zu gemacht. Dann steht er aber nicht schmucklos da, sondern zeigt in vier sorgsam geschnitzten Reliefdarstellungen beispielsweise die Beschneidung des Herrn. Signiert ist er von einem gewissen Leonard Astl, von dem man

Bilder oben:
Katholische Kirche
The Catholic Church

Schädel im Beinhaus
Skulls in the charnel-house

annimmt, dass er eine Werkstatt in Gmunden betrieb. Ziemlich sicher von seinen eigenen Händen stammt die Plastik im Hauptschrein, die Maria mit Kind, links davon die heilige Katharina, Schutzpatronin der Holzknechte, sowie rechts davon die heilige Barbara, die Schutzpatronin der Bergleute (am Bergwerk führt in Hallstatt einfach kein Weg vorbei!). Vollendet war das Werk um 1520.

Fast wäre der detailreiche Schnitzaltar heute nicht mehr zu besichtigen, weil man ihn aus reiner Modebewusstheit gewissermaßen entsorgen wollte: 1799 zeigten sich Hallstätter Bürger besorgt um den Zustand des Altars, der, so meinten sie, auf den Pfarrer zu stürzen drohe. Deswegen schlugen sie vor, ihn zu ersetzen. Alle Hallstätter Welt war dafür, was wohl weniger an der Sorge um den Pfarrer als vielmehr daran lag, dass man lieber etwas Modernes gehabt hätte als das alte Stück. Nachdem sich jedoch niemand fand, der die Arbeiten auch bezahlen wollte, steht er bis heute in der Kirche, ohne dass er zusammengefallen wäre. Damit ist er einer von zwei Dutzend in Oberösterreich übrig gebliebenen gotischen Schnitzaltären, von denen es einst an die 1400 gab. Freilich ist er zwischendurch restauriert worden, und auch dem Hallstätter Wunsch nach einem zeitgemäßen Altar wurde entsprochen: Schüler der Bildhauerschule im Ort schufen einen neuen, der seither Seite an Seite mit Astls Werk steht – was den eher kleinen Kirchenraum leicht überfüllt wirken lässt.

Zum Zweiten ist die Kirche ein „Must-see“ wegen ihres Beinhauses, das ebenfalls über Österreichs Grenzen hinaus berühmt ist: Weil in Hallstatt der Platz knapp ist, haben auch die Toten nur wenig Raum. Von Zeit zu Zeit

Bild oben:
Der gotische Doppelflügelaltar
The Gothic doublewinged altar

Bild unten:
Der Raum am Friedhof
ist knapp bemessen.
Space is at a premium in the cemetery.

Bild nächste Seite:
Abendstimmung am
Hallstatter Marktplatz
Evening scene in the Hallstatt market place

EIS
KONDITOREI
RESTAURANT
CAFE
DERBL

Grüner Baum

Bild unten links:
Spitze der Dreifaltigkeitssäule am Marktplatz
Pinnacle of the Trinity Column in the market place

Bild unten rechts:
Hallstatt ist auch ein wenig Heimatfilmidylle.
Hallstatt is also an ideal traditional film set.

Bild rechte Seite oben:
Nur wenige Häuser sind so weit in den Hang hineingebaut.
A few houses are built deeply into the hillside.

Bild rechte Seite unten:
Die berühmteste Ansicht Hallstatts ist auch im Winter ein perfektes Fotomotiv.
The celebrated scene of Hallstatt also makes a great photograph in winter.

wurden also die Begrabenen wieder aus der Erde geholt, um Platz zu machen für die neu Verstorbenen. Nach rund 10 bis 15 Jahren wurden Schädel sowie die größten Knochen aus den Gräbern geborgen und in einem eigenen Karner zur ewigen Ruhe geschlichtet. Zuvor wurden die Schädel gereinigt und in die pralle Sonne zum Ausbleichen gestellt. Nach einigen Wochen hatten sie die Farbe von Elfenbein. Statt dem Toten nun Blumen auf sein Grab mitzugeben, kam man gegen Ende des 18. Jahrhunderts auf die Idee, die Schädel mit Blumen oder Kränzen zu bemalen. Dieser Brauch war im gesamten östlichen Alpenraum verbreitet, die meisten anderen Schädelsammlungen sind heute aufgelassen. In Hallstatt endete dieser Brauch erst, als in den 1960er-Jahren die Feuerbestattung von der Kirche erlaubt wurde. Auf ausdrücklichen Wunsch kann man aber auch noch heute ins Beinhaus gelangen. Der Friedhof war im Übrigen in einen katholischen und einen evangelischen Teil getrennt, im Beinhaus kamen dann alle wieder zusammen.

Als einer, der nicht Platz machen musste, wollte Christoph Eyssl von Eysselsberg trotzdem auch als Toter von Zeit zu Zeit das Tageslicht sehen: Er hatte eine eigene Gruft, verfügte aber in seinem Testament, dass man ihn alle fünfzig Jahre, jeweils an seinem Todestag, aus seiner Grabstätte holen, um den Kirchgang tragen und dann auf dem See bis zu seinem Schloss fahren sollte. Dieser exzentrische Mann war 1668 gestorben, und angeblich wurde seinem doch eher merkwürdigen Wunsch noch bis Mitte des 19. Jahrhunderts entsprochen. Sein Schloss Grub ist jener auffallende Prunkbau am gegenüberliegenden Ufer, heute also neben dem Bahnhof. Auch er war mit Salz zu Reichtum gekommen: als Verweser – heute würde man sagen Verwalter – der Saline.

So opulent wie beim Schlösschen war der Barock in Hallstatt selten. Reichtum hin, Wohlstand her, Hallstatt war eine Bergarbeitersiedlung, und so ist

Bilderleiste:
In Hallstatt lohnt es sich, aufs Detail zu achten.
Even the details are worthy of observation in Hallstatt.

die Dreifaltigkeitssäule auf dem Marktplatz eines der prachtvollsten Bauwerke aus dem ansonsten im k. u. k-Reich so überbordenden Barock.

In der Welt wurde Amerika entdeckt, die Evolutionstheorie begründet und die Dampfmaschine erfunden – in Hallstatt blieb man dem Bergwerk treu. Der langsame Wandel brach mit einem Abkömmling des Kaiserhauses und zwei Hallstätter Persönlichkeiten an: Erzherzog Johann, Friedrich Simony und Georg Ramsauer. Erzherzog Johann war es, der das Salzkammergut erwanderte und seine Begeisterung für die Bergwelt auf seine Künstlerfreunde übertrug. So kamen die Maler des Biedermeier nach Hallstatt, Ferdinand Waldmüller, Jakob Alt oder Rudolf von Alt, und fanden dort am See, im wildromantischen Echerntal, am schroffen Dachstein, die ungezähmte Natur, die sie beglückte.

Simony war es, der den Dachstein erforschte und seine Welt den neuen Bergbegeisterten erschloss. Man begann die Natur als eigenes Erlebnis wahrzunehmen statt immer nur als Hindernis. Wobei schummeln durchaus erlaubt war: Man konnte sich nicht nur von Bergführern den Hang hinaufgeleiten, man konnte sich auch von Sesselträgern denselben hinauftragen lassen.

Auch die ersten Kulturtouristen machten sich auf den Weg: Nachdem Ramsauer das Gräberfeld entdeckt hatte, es ausgraben ließ und auswertete, war Hallstatt plötzlich ins gelehrte Rampenlicht gerückt. Mit dem wachsenden Ruhm des Gräberfelds machte der Adel nicht mehr spätestens in Bad Ischl halt, sondern fuhr ganz hinunter bis ins bergbauliche Hallstatt, um dort dem armen Ramsauer ins Handwerk zu pfuschen: Es war très chic, Funde freizulegen; selbstverständlich, ohne sich dabei zu lange der Sonne auszusetzen oder gar seine Hände allzu schmutzig zu machen. Man kam, wirbelte viel Staub auf, posierte vor den Gräbern und reiste frohgemut wieder ab. Mit der Zeit blieb man dann gerne ein paar Tage länger. Bekannte Politiker und

weniger bekannte Unternehmer, reiche Fabrikanten und betuchte Aristokraten reisten nach Hallstatt. In ihrem Sog entwickelte sich der kleine Ort bis 1900 zu einer Sommerfrische mit internationalem Ruf. Drei Hotels, zehn Gasthäuser und eine Brauerei standen den Fremden in einem Dorf offen, das noch 40 Jahre zuvor ausschließlich mit dem Ruderboot oder auf unwegsamen Saumpfaden erreichbar war. Erst 1862 wurde der Raddampfer auf dem See in Betrieb genommen, und erst 1875 führte eine richtige Straße von Gosaumühle aus nach Hallstatt. Zwei Jahre später war Hallstatt mit der Bahn endgültig für alle erreichbar geworden.

Eingetragen in die Gästebücher haben sich etwa Adalbert Stifter in Begleitung seines Freundes Simony, des Weiteren finden sich Johann Nestroy, Ferdinand Raimund, Carl Zuckmayer und Nikolaus Lenau, Agatha Christie und Alexander von Humboldt. Der weitgereiste Naturforscher entdeckte in Hallstatt überlieferterweise den „schönsten Seeort der Welt“. Neben den Dichtern und Erzählern sind noch die Maler und auch allerlei königliche Gäste zu nennen: Maximilian von Habsburg, der spätere glücklose Kaiser von Mexiko, der König von Siam, die Königin der Niederlande, Kaiser Franz Joseph und seine Sisi, die hier ihre Verlobung feierten. Hallstatt war nie so mondän wie Bad Ischl, die Mondänen waren aber doch neugierig geworden.

Als Österreich nach dem Zweiten Weltkrieg wieder zu Kräften gekommen war, blühte der Tourismus erneut auf. Die Gäste waren nicht mehr gar so nobel wie früher, dafür blieben sie gleich drei Wochen lang: Es war die goldene Zeit der Sommerfrische, als die Städter noch nicht so gehetzt waren wie heutzutage. Hallstatt war ein beliebtes Urlaubsziel.

Im Zuge dieses Booms hätten sich ehrgeizige Politiker bald selbst alles verdorben: Um den aufkommenden Verkehr zu fassen, wurde eine Seestraße geplant, die aus Platzmangel sonst wo auf Pfählen über Wasser geführt hätte. Lange vor jeder grünen Bewegung wehrten sich die Hallstätter gegen die Verschandelung ihres Ortsbildes. Allen voran Dr. Friedrich Morten, Verwalter der staatlichen Dachsteinhöhlen in Obertraun, daneben Gründer einer botanischen und meteorologischen Forschungsstation, Schriftsteller und Kustos des Hallstätter Museums. Als die Seestraße projektiert wurde, drohte er, sich höchstselbst vors erste Auto zu werfen. Auch die Hallstätter Bevölkerung stimmte bei einer Umfrage gegen dieses damals allen Fortschritt versprechende Projekt. Ihre ganze Sturheit und ihre ganze Durchsetzungskraft wurde dann allerdings nicht auf die Probe gestellt: Aus Kostengründen wurde auch dieses Projekt schließlich ad acta gelegt und stattdessen ein Tunnel hinter der Stadt herum in den Berg gegraben.

Das Salzbergwerk, über fast dreieinhalbtausend Jahre die Existenzberechtigung des Ortes, ist nach wie vor in Betrieb. Seine Bedeutung hat es indes eingebüßt. Heute sind nicht mehr die Salinen der größte Arbeitgeber der Region, sondern es ist die Holzfachschule. Was über Generationen selbstverständlich war – als Sohn den Beruf des Vaters, der wiederum der Beruf des Großvaters war, ebenfalls zu erlernen –, ist heute nicht mehr möglich. Die Jobs im Bergwerk sind rar geworden, ebenso wie im Forst oder in der Fischerei. Vielen jungen Leuten ist die Arbeit zudem zu mühselig, das Leben am Land zu langweilig geworden. Wer könnte es ihnen verdenken?

Der Tourismus ist eine lukrative Einnahmequelle, stellt die Hallstätter aber vor neue Herausforderungen: Wie bringt man die Gäste wieder dazu, länger zu verweilen, statt bloß für einen Tagesausflug anzureisen? Im Gespräch ist derzeit ein Historic-Hotel-Projekt mit Gästezimmern, die sich auf die verschiedensten historischen Gebäude im Ort verteilen. Das alte Museum mit seinen Steinmauern aus dem 14. Jahrhundert soll dazu genauso adaptiert werden wie das barocke Amtshaus oder das ehemalige Hotel Kainz, das heute am Seeufer vor sich hin bröckelt. Auch das oben erwähnte Schloss Grub am jenseitigen Ufer könnte bald in ein Hotel umgebaut werden. Derzeit ist das altehrwürdige Hotel Grüner Baum am Marktplatz das einzige nennenswerte Hotel von Hallstatt; ein erweiterter Touristenandrang würde seine Kapazitäten sprengen.

Die Herausforderung liegt aber auch beim Einzelnen: Das Hallstätter Salz fand seinen Weg in die weite Welt, seine Einwohner dagegen waren durch

Bild vorige Seite:
Blick auf Hallstatt, den See und das Ostufer
View over Hallstatt, the lake, and the east shore

Bild rechts:
Das Echerntal bezauberte schon Maler und Poeten
The Valley of Echern enchants painters and poets alike

Bild oben:
Der tief verschneite Hallstätter Friedhof mit dem Sarstein im Hintergrund
The Hallstatt cemetery under snow with the Sarstein in the background

Bilder rechts:
Einkehren am Marktplatz bei der Ruth
Stop for a bite with Ruth at the market place

strenge Gesetze abgeschottet. Vor allem die ältere Generation ist noch recht ortsgebunden und traut den äußeren Einflüssen nicht immer. Da ist der Herr, dem selbst die Reise nach Bad Ischl zu weit ist, und die Dame, die von ihrer Freundin erzählt, die – man stelle sich bloß vor – nach Gmunden gezogen sei. Wer sich für mehr als ein paar Besichtigungsstunden auf den Ort einlässt, wird bald feststellen, dass ihm aller Augen folgen. Was könnte der Fremde wollen?

Na, vielleicht durchs Echerntal wandern. Dort, wo Adalbert Stifter die Inspiration für seine Novelle „Bergkristall" fand, ist heute ein leicht zu begehender Themenweg angelegt. Man begleitet den unverbauten Waldbach durch Landschaften wie aus einem Waldmüller-Bild. Man kann über einen Steig die steile Felswand hochklettern und hoch droben am Salzberg wieder rauskommen. Ein abschließender Besuch im Schaubergwerk bietet sich an.

Man kann aber auch Tauchen und Kajak fahren oder sich von der Dachsteinnordseite mit dem Paragleitschirm abstoßen und atemlos dieses schöne Stückchen Erde aus der Luft betrachten. Man kann in noch steileren Wänden klettern, mit dem Mountainbike über Stock und Stein fahren oder ganz einfach den See durchschwimmen. Kurz gesprochen: sich nach der Kultur voll in die Natur stürzen. Der Möglichkeiten sind grenzenlos und die Chancen hoch, auf Einheimische außerhalb ihrer Dienstuniform zu treffen.

Seewirt Sepp Zauner etwa war, wie er berichtet, bereits dreihundert Mal am Dachsteingipfel. Nicht immer nur am leichtesten Weg, sagt er, und zeigt auf die Felswand, die vom Balkon seines Gasthauses zu sehen ist. Im Winter geht er auf Skitouren, und sein Sohn war schon mit drei Jahren das erste Mal dabei. Thomas Gschwandtner, von Beruf Keramiker, trainiert in seiner Freizeit für den Ironman, und Dieter Gamsjäger, Lehrer an der hiesigen HTL, fährt mit Vorliebe Boot. Einmal hat er sogar, wie er nicht ganz ohne Stolz erzählt, gemeinsam mit Freunden ein altes Salztransportboot nachgebaut und ist damit bis ans Schwarze Meer gefahren.

Es ist halt ein ganz spezieller Menschenschlag, der hier bleibt oder sich niederlässt. Es sind Leute, die sich gegen einen stressigen Job in einem Ballungszentrum entschieden haben. Lieber weniger Geld und mehr Lebensqualität, auch wenn nicht immer alles eitel Sonnenschein ist: Im Frühjahr beispielsweise drehen sich die Gespräche der Hallstätter darum, wessen Haus erstmals seit Wochen wieder vom Sonnenschein gestreift wird und wen dieses freudige Ereignis wohl morgen treffen wird. Der Unterschied zu früher: Heute bleibt oder kommt man aus freien Stücken.

Einigen dieser Hallstätter aus eigenem Antrieb begegnet man nicht nur im Wald oder in der Felswand, sondern ganz unspektakulär am Marktplatz. Genau genommen bei der Ruth. Als sie ihre Schneiderei vor vielen Jahren eröffnete, kamen die Einheimischen gerne zum Plaudern vorbei. Wenn man die Ruth einmal kennenlernt, weiß man auch, warum sie dann länger sitzen blieben. Das sollte natürlich nicht ganz trocken vonstattengehen und bald wurde das eine oder andere Glaserl ausgeschenkt. Bis die nette Schneiderin ihre Werkstatt zweiteilte und in einer Hälfte ihr Beisl aufmachte. Hier ist eine mögliche erste Anlaufstelle für alle, die Hallstatt wirklich näherkommen möchten.

Summary *Chapter 2:* Hallstatt: The Village a Gem

Although Hallstatt's history goes back more than 4 000 years, the recorded history of the town itself begins in the Middle Ages and coincides with the commencement of the Habsburg dynasty. Sadly, little of the architecture from those early times remains. In September 1750 a great fire engulfed the town and being largely of timber construction, it was razed to the ground.

One of the oldest surviving structures is the Catholic Church which was built on the outskirts of the town centre and so escaped the fire. Its steeple has stood since the 12th century and its nave, constructed on a precipitous rock, was completed in 1505. The church was caught up in religious turmoil and over the last five centuries it has passed from the Catholics into the possession of the Protestants and back to the Catholics again.

In the context of the historic significance of Hallstatt, the church is regarded as an important sight. Its magnificent original Gothic double-winged altarpiece is still in use. It is signed by one Leonard Astl and it is thought that he had a workshop in the nearby town of Gmunden. There was once an estimated 1 400 such altars in Upper Austria but this is one of only some two dozen still extant.

The church's fame extends far beyond the borders of Austria mainly because of its charnel house. Since space has always been at a premium for those living in Hallstatt, there was always very little space available for the dead too. Accordingly, every 10 to 15 years or so the dead were disinterred, their remains removed to the church, and the graves reused for the more recently deceased. The bigger bones and the skulls were first cleaned, then bleached in the sun to an attractive ivory colour, and finally taken to the building called the "Karner" where they were decoratively arranged for eternal peace. Later, in the 18th century, the more practically minded citizen of the town began the art of painting the skulls with flowers and garlands and using them for decoration instead of flowers.

During a period of great change in the rest of the world – the discovery of America, the Theory of Evolution published, and the steam engine invented – mining continued unchanged in Hallstatt. When change did come it was due to the influence of three individuals: Archduke Johann of the Habsburg dynasty, and Friedrich Simony and Georg Ramsauer, both of Hallstatt. Archduke Johann conveyed his extreme enthusiasm for the mountain world to his artist friends after having hiked throughout the Salzkammergut region. Thus many painters of the Biedermeier period, including Ferdinand Waldmüller, Jakob Alt, and Rudolf von Alt, were enticed to Hallstatt. At the lake and in the wild and romantic Echern Valley and at the rugged Dachstein Mountain they found untamed nature that delighted them and it became the subject of their art.

Friedrich Simony explored the Dachstein and made his world known and accessible to the new generation of mountain enthusiast. The result was that nature commenced to be seen as an experience of its own and not simply as an impediment to man.

Following the discovery by Georg Ramsauer of the burial ground and the recognition of its archaeological significance Hallstatt was suddenly thrust into the scholarly

limelight and tourists with an interest in culture were attracted. Now the aristocracy no longer stopped their journey in Bad Ischl, instead they continued to Hallstatt to see for themselves the newly famous burial ground and in their illustrious wake the village developed into a summer resort of international renown until 1900. By then three hotels, ten inns, and a brewery had been developed and opened to the visitors in a village that just 40 years earlier had been virtually inaccessible. Hallstatt could be reached only by rowing boat or via a bridal path through the mountains prior to the arrival of a paddle steamer in 1862, followed by a road from Gosaumühle completed in 1875, and the development of a rail link two years later.

Among the celebrities of the time whose names appear in Hallstatt inn guest books is the poet Adalbert Stifter. He was a great friend of Simony and it was at Hallstatt that he found inspiration for perhaps his best-known book "Bergkristall", so titled due to the naturally occurring rock crystals in the area. Alexander von Humbold is another name: this much travelled natural scientist is reputed to have described Hallstatt as the most beautiful lake-village in the world. Other names in the guest books include Johan Nestroy, Ferdinand Raimund, Carl Zuckmayer and the English novelist Agatha Christie.

As Austria recovered as a country from the devastation of the Second World War, so changes came to Hallstatt. The salt mine, the village's raison d`ètre for nearly three and a half thousand years, lost its significance. Today the technical college for timber-work studies is the main employer, not the salt mine. The tradition of generations, whereby the son acquired his father's profession, which in turn was his grandfather's, is no longer feasible.

Tourism may have become a lucrative source of income to Hallstatt but it has also confronted the people with new challenges. For example, how could tourists be encouraged to stay for longer than a single day? One possible solution currently under consideration is an historic hotel project where the guest rooms would be located in the numerous historic buildings in the village. But the challenge is ultimately a challenge to the individuals in Hallstatt. Although its salt found its way to the far corners of the world, its inhabitants have lived in seclusion by the strict laws. As may be expected, the older generation of townsfolk in particular is extremely parochial and mistrusts the ways of the outside world. Cases in point: the gentleman for whom a journey to nearby Bad Ischl is unthinkable. And the lady who was aghast at the news that a friend had moved from Hallstatt to Gmunden. Needless to say, there is not a single travel agency in Hallstatt. A visitor, deciding to prolong his sightseeing beyond but a few hours, may notice that he is soon under the scrutiny of the entire village. "What could this stranger be wanting?" may be heard whispered. The recommended modus operandi is to commence any tour of Hallstatt with an ice-breaker at the Ruth, the pub on the main square; a good way to get closer to the people and their delightful village.

HANDWERK

Die Mode und das Können von früher

CONTEMAX

Gestern gekauft, heute darin schick, morgen ab damit in die Altkleidersammlung. Klar kaufen auch die Hallstätter und die anderen Seeanwohner ihre Kleidung im Warenhaus und ihre Wohnungsdeko im Einrichtungshaus. Aber eben nicht nur. Erstens müssen sie schon einmal ein ordentliches Stück weit rausfahren, den ganzen Weg aus ihrer Ecke am Dachstein bis ins vergleichsweise weltoffene Bad Ischl, ihrem Tor zur weiten Welt, um überhaupt ein modernes Einkaufszentrum zu finden. Zweitens ist es ihnen eine Selbstverständlichkeit, am Althergebrachten festzuhalten. Vielleicht nicht ganz so eisern wie früher, aber immer noch fest genug, so dass es nach wie vor Handwerker gibt, die von ihren goldenen Händen leben.

Ruth Zimmermann ist Dirndlschneiderin. Eigentlich ist sie eine ganz normale Schneiderin, in Hallstatt hat es sich halt ergeben, dass sie viele Dirndln und Trachtenanzüge in Auftrag bekommt. Gerade ein Dirndl gehört der Dame auf den Leib geschneidert, so ein formgetreues Kleidungsstück passt nur in den seltensten Fällen von der Stange. „Die eine hat lange Beine und einen kurzen Oberkörper, die andere genau umgekehrt. Und jede hat einen anderen Busen. Das gehört genau angepasst", schnaubt Ruth Zimmermann verächtlich, wenn man sie auf Konfektionsdirndln anspricht. Das erfordert natürlich etwas Geduld mit Maßnehmen und Anproben. Deswegen zählt sie auch kaum ausländische Gäste zu ihren Kunden, die wenigsten sind lange genug im Ort. Den Japanern zum Beispiel wären ihre Dirndln überhaupt zu wenig verspielt. Keine Rüschen, wo sie nicht hingehören, keine Spitzen, wo sie nichts zu suchen haben. In dieser Hinsicht ist Ruth Zimmermann Puristin. Das Hallstätter Dirndl, so erklärt sie, ist nicht so spezifisch und markant wie etwa das aus dem Ausseer Land oder aus Bad Ischl. Es gibt keine typische Farbe und auch kein typisches Muster, das Hallstätter Dirndl ist im Alltag ein rund ausgeschnittener Leiblkittel mit Bluse darunter und Schürze darüber, meist aus Baumwolle gefertigt. Für festliche Anlässe, in erster Linie kirchliche Feiern, egal ob privater oder allgemeiner Natur, darf es dann das aufwändigere Bürgerkleid aus Reinseide sein. Das wird bestickt mit einem bandverzierten Rhombus in der Mitte. Die geduldige Schneiderin macht das alles selbst, bandelt auch den Ausschnitt ein und näht die Knopflöcher.

Die Nachfrage nach Tracht geht zurück. Als Ruth Zimmermann vor vierzig Jahren ihre Schneiderei aufsperrte, nähte sie fast ausschließlich Dirndln. Heute schneidert sie auch moderne Kleider, Lodenkostüme sowie Trachtenanzüge für den Herrn – die Herrenschneiderei im Dorf hat längst zugemacht. Der trachtbewusste Herr trägt einen so genannten Steireranzug oder eine Lederhose, dazu ein Pfoad, das einfärbige, weit geschnittene Hemd mit Stehkragen. Eine Lederhose zu fertigen, fällt nicht mehr in den Kompetenzbereich einer Schneiderin; Säckler, sprich Lederbekleidungserzeuger, ist ein eigener Beruf.

Den hat Johanna Röhrenbacher bei ihrem Großonkel gelernt. Heute hat sie in Aigen-Voglhub bei Bad Ischl ihr eigenes Atelier und so viel Arbeit, dass sie meistens nicht weiß, wo ihr der Kopf steht. In erster Linie fertigt sie traditionelle Lederhosen, je nach Wunsch kurz oder knielang. Zunächst nimmt sie am Kunden Maß und bespricht mit ihm die wichtigsten Details: Welches Leder? Hirsch- oder Gamsleder, etwas anderes kommt ihr nicht unter die Finger. Sie möchte schließlich keine Krachledernen produzieren, jene billigen aus Rindsleder, die knarzen, wenn sich ihr Träger bewegt. Welche Farbe? Das Leder wird in der Gerberei mit Naturfarben gefärbt, am gängigsten sind Altschwarz – „nicht Grau, nicht Braun, nicht Schwarz" –, Braun und Altbraun „mit Patina". Welche Bestickung? Althergebrachte Motive sind etwa die Ischler Kaiserblume sowie Szenen mit Hirsch oder Gams. Je nach Kontostand des Auftraggebers werden die dann schlichter oder aufwändiger gestaltet.

Bild links:
(Dirndl-)Schneiderin Ruth Zimmermann
Ruth Zimmermann, "Dirndl" dress-maker

Bild oben:
Johanna Röhrenbacher zeichnet die Muster mit Federkiel aufs Leder.
Johanna Röhrenbacher paints a pattern on the leather with a quill.

Hanni Röhrenbacher schneidet zu und klebt die Hosen für die erste Anprobe zusammen – im Leder würde man jeden Heftstich sehen. Passt das gute Stück dem Auftraggeber, paust sie die Stickereimotive mit Gummiarabikum auf, zeichnet sie mit einem Schwanenfederkiel nach, bestickt sie mit hochwertiger Seide und näht sie zu guter Letzt mit einer vierzig Jahre alten Nähmaschine zusammen. Alles wird von Hand gemacht. Sieht man Hanni Röhrenbacher zu, wenn sie die Arbeitsschritte vorzeigt und erklärt, steht einem der Begriff Handwerk plötzlich bar jeglicher Nostalgie vor Augen.

Außerdem repariert sie alte Hosen, flickt sie, bessert die Stickerei nach oder adaptiert sie an den neuen Träger. Oft sind es Erbstücke, die der neue Besitzer herrichten lässt. Das zahlt sich aus, sagt Hanni Röhrenbacher, denn eine gute Lederhose hält an die achtzig Jahre, und oft sind es sehr aufwändig gemachte Hosen, die sie auf Vordermann bringt. Es zahlt sich auch deswegen aus, weil Lederhosen hier in der Gegend zum Alltag gehören. Eine Lederhose trägt der Bankdirektor genauso wie der Arzt oder der Waldarbeiter, und keiner wirkt drinnen verkleidet.

Bild links:
Eine aufwändig bestickte Lederhose ist ein richtiges Schmuckstück.
An extensively embroidered "Lederhose" is a work of art.

Bild oben:
Hirschhornknöpfe vervollständigen die Zier.
Buttons made from deer horn complete the adornment.

Ebenfalls aus dem Alltag sind die Schuhe entstanden, die heute, wie gute Lederhosen auch, zu den erlesenen Gütern gehören: die Goiserer, die im Ruf stehen, die besten Bergschuhe der Welt zu sein. In der Schusterwerkstatt von Rudolf Steflitsch-Hackl mitten in Bad Goisern, am Nordufer des Hallstätter Sees, ist man an der richtigen Adresse. Hier arbeitet mittlerweile der Ur-Enkel Franz Neubachers, seines Zeichens Erfinder der legendären Schuhe. Neubacher war nicht nur Schuster, sondern auch Jäger. Als er im späten 19. Jahrhundert auf einem Jagdausflug im Kahlenberggebiet in eine Doline fiel, kam er nur mit Ach und Krach wieder heraus, seine Schuhe waren ihm dabei äußerst hinderlich und zudem kaputt. Er begann darüber nachzuden-

Bild oben:
Schuster Steflitsch-Hackl bewahrt die Leisten aller Kunden in einer Kammer auf.
The lasts for all his clients' shoes are kept in this chamber by the shoemaker, Herr Steflitsch-Hackl.

Bild rechts:
Handarbeit und Zwienaht sind das Markenzeichen der Goiserer.
Craftsmanship and stitching are hallmarks of the people of Goisern.

ken, wie man die Schuhe gleichzeitig strapazierfähiger und geschmeidiger machen könnte und kam auf die Idee, sie nicht mehr zu nageln, sondern mit einer zweifachen Naht zu nähen. Diese Zwienaht ist noch heute neben Maßfertigung und Handarbeit das Markenzeichen echter Goiserer, und die Doline auf den Karten als Schusterloch verzeichnet.

Die zwiegenähten Schuhe hielten das, was sich ihr Erfinder von ihnen versprochen hatte, und sie wurden auf Anhieb zum Erfolg. Kaiser Franz Joseph war der erste Werbeträger der Schusterwerkstatt. Er hatte von dem sagenhaften Bergschuh gehört und bestellte sich für seine Jagden selbst welche. Natürlich musste dann jeder aus seinem Jagdgefolge ebenfalls Goiserer besitzen, was deren Ruhm ins Ausland trug. Obwohl der Schuh damals einen durchschnittlichen Monatslohn kostete, boomte das Handwerk des Schuhmachers in Goisern; bis zu 26 selbständige Schuster arbeiteten schon bald in dem kleinen Ort.

Übrig geblieben ist heute nur mehr das Original: die Werkstatt im Besitz von Steflitsch-Hackl, der noch die zarten Leisten von Sisi in seinem Lager aufbewahrt. Alle anderen konnten der Billigware aus den Fabriken nichts entgegensetzen, eine Konkurrenz, die Rudolf Steflitsch-Hackl kaum berührt: Seit dem Kaiser rannten die Leute der Werkstatt die Türe ein, der Kundenstrom ist bis heute nicht abgerissen. Die potentiellen Käufer kommen aus aller Welt, und egal welchen prominenten Namen sie auch tragen, sie müssen bis zu anderthalb Jahre auf ihre Goiserer warten. Es sind freilich nicht nur Bergschuhe, die Steflitsch-Hackl hier mit drei Mitarbeitern produziert. Da gibt es etwa noch die leichteren Wander- und Trekkingschuhe, die Haferlschuhe, die den Damen so gut zur Tracht passen, oder die Golfschuhe, im Übrigen hier bereits in Zeiten gefertigt, als Golf in unseren Breiten noch eine Randsportart war. Wo damals handgeschmiedete Eisennägel für Trittfestigkeit sorgten, wird heute vorwiegend eine Gummisohle verwendet, ansonsten sind Materialien und Techniken unverändert geblieben. Steflitsch-Hackl grinst, wenn er sagt, dass manche Dinge ganz einfach nicht verbessert werden können.

Dem Outfit setzt der Hut die Krone auf. Trachtenhüte für Damen und Herren, Jagdhüte, Hüte für die zahlreichen Vereine und Musikkapellen werden von Hand in Bad Ischl gefertigt. Hier steht seit 1862 die Hutfabrik Bittner, ein Familienunternehmen, das Franz Bittner in der fünften Generation betreibt. Im kleinen Rahmen produziert er mit elf Mitarbeitern bis zu 25.000 Hüte pro Jahr – alles in Handarbeit. Mehr als die Hälfte davon geht heute ins Ausland, allen voran die Stücke aus seiner Kollektion traditioneller Trachtenhüte Ischler Hut.

Sämtliche Hüte werden bei Bittner aus Hasenhaarfilz oder Schafwollfilz händisch in die richtige Form gebracht, ein Prozess, der je nach Produktions-

Bild oben:
In der Hutfabrik Bittner werden die Hüte zuerst von Hand geformt ...
At the Bittner millinery, hats are first shaped by hand ...

Bild unten:
... und danach von den Näherinnen garniert.
... and thereafter finished by the needle-worker.

Bild rechte Seite oben:
Ein Gamsbart wird aus den Rückenhaaren der Gämsen gebunden.
A tuft of the chamois is taken from the back of the animal

art bis zu siebzig verschiedene Arbeitsschritte erfordert: von der Versteifung des Ausgangsmaterials mit Kunstharz über die Dampftrocknung, die Formung auf Holz oder in einer handbetriebenen Maschine bis hin zur Trocknung, Randgestaltung und detaillierten Formung. Danach kommen die Hüte aus den Fabrikräumlichkeiten im Erdgeschoss eine Etage höher, wo vier Damen die Modelle mit Seidenbändern, Schnüren, gewebten Bändern, Loden oder Federn garnieren, wie das Verzieren im Fachjargon genannt wird. Am wenigsten Aufwand in diesem letzten Arbeitsschritt verursachen die Jagdhüte, die lediglich mit Wollschnüren oder Lederbändern garniert werden. Sie unterscheiden sich auch durch ihre rundere Form vom klassischen Trachtenhut.

Alternativ stülpte sich die Bürgerin früher gerne eine Goldhaube über den Kopf, eine Tracht, die heute nur mehr in Vereinen gepflegt wird. Goldhauben sind sehr aufwändig herzustellen und werden deswegen ausschließlich privat für den Eigengebrauch gefertigt. Die nötigen Kenntnisse, wie die Frau von heute das macht, bekommt sie in eigenen Kursen vermittelt.

Ansonsten treten die Damen im Allgemeinen weniger gut behütet auf als ihre Männer. Je weiter man vom eleganten Bad Ischl ins tiefe Salzkammergut vordringt, desto einfacher sind auch deren Modelle, die dort ja bloß als Unterlage für die eigentliche Zier dienen: den Gamsbart. Der ist der ganze Stolz seines Trägers und in den meisten Fällen aus den Rückenhaaren selbst erlegter Gämsen gebunden. Bis so ein großer Busch zusammen ist, der von hinten bis an die Vorderkante des Hutes wippt, vergehen oft einige Jagdsaisonen,

Bild oben:
Dieser Gürtel ist mit Pfauenfederkielen bestickt.
The belt is embroidered using the end of the peacock feather.

Bild rechts oben:
Arnold Lobisser in seiner Werkstatt
Arnold Lobisser in his workshop

Bild rechts unten:
Die geschickten Hände des Tischlers Lobisser
The skilful hands of Herr Lobisser, carpenter

zwischen denen der Jäger die neue Haarausbeute zum Aufbinden in die Wildhaarbinderei trägt. Vielfach werden dort auch alte Gamsbärte renoviert.

Gamsbartbinder findet man nur mehr selten, die wenigen, die übrig sind, können sich über Arbeit jedoch nicht beklagen, ihre Produkte sind schließlich allgegenwärtig. Ähnliches gibt es von vielen anderen Handwerkern zu berichten: vom Trachten- und Grandlschmuckhersteller, der die Grandln, die Eckzähne des Rotwildes, mit schwerem Silber zu Colliers, Armbändern und Ringen verarbeitet, oder vom Blaudrucker, der Schürzenstoffe nach alten Methoden mit überlieferten bäuerlichen Motiven bedruckt. Zu nennen ist auch der Hirschhornschnitzer, der aus dem Geweih Knöpfe, Gürtelschnallen und Messergriffe herstellt, und der Pfauenfederkielsticker, der die Federkiele der Pfauen zunächst der Länge nach in dünne Teile spaltet und anschließend damit Leder bestickt – wie etwa die Ranzen, breite Ledergürtel der Männer, die zur Lederhose getragen werden.

Alfons Lenz aus Hallstatt fertigt in anderen Dimensionen: er baut Boote. Nur so zum Spaß, wie er sagt, von Beruf war er Tischler. Seit er in Pension ist, hat er reichlich Zeit, seinem liebsten Hobby zu frönen. Sein Schwiegervater war gewerblicher Bootsbauer bei den Salinen, von ihm hat er das Handwerk gelernt. Darüber hinaus hat er sich viel mit dem Thema beschäftigt, so dass er darüber schon eine Doktorarbeit schreiben könnte, wie er zu sagen pflegt. „Ein Boot ist in Hallstatt so selbstverständlich wie die Bank vor dem Haus. Mir ist es lieber, auf die eleganten, traditionellen Boote zu blicken, als auf neumo-

Lehrerin und Schüler der Holz-HTL beim Instrumentenbau
Technical college teacher and students manufacturing musical instruments.

dische Plastikschinakeln", begründet Lenz seinen unermüdlichen Einsatz in der Bootswerkstatt und weist mit einer ausladenden Geste aufs Wasser, das man von seiner Hausterrasse in der höchsten Reihe von Hallstatt gut überblickt.

Besonders ärgert es ihn, wenn Touristen meinen, die Boote sähen aus wie in Venedig. „Unsere Boote nennt man Fuhr, und sie haben nichts mit den venezianischen Gondeln gemein. Ihre Form und Bauweise ist bedingt durch den ursprünglichen Verwendungszweck als Transportschiffe." Lenz ist bestrebt, die alten Boote nicht aussterben zu lassen. Dazu hat er sich viel mit der Konstruktionsweise befasst und findet, dass er das Bootsbauen nach vierzig Jahren mittlerweile ganz gut beherrscht. Für und mit seinen Freunden stellt er sich hin und nagelt und schraubt in einer Woche eine ganze Fuhr zusammen.

Boote hat er noch keine gebaut, aber sonst nahezu alles, was sich an feinen Arbeiten aus Holz herstellen lässt. Krippenfiguren etwa, die aber momentan in seiner verwinkelten Werkstatt hinter Kästen und Läden verräumt sind. Arnold Lobisser ist ein begnadeter Tischler, der aus Holz zaubert, was immer ihm gerade durch den Kopf geht, manchmal auch das, was ein Kunde bestellt hat. Hier Kästen in detailverliebter Intarsienarbeit, in vielen Stunden helles und dunkles Holz zu winzigen Mustern verwoben. Fein geschwungene Formen, glänzende Oberflächen: ein Meisterwerk. Dem wollte Lobisser dann nicht irgendwelche Beschläge antun, also hat er sie selbst gemacht, erzählt er stolz zwischen zwei Zügen an seiner Pfeife. Dort Geigen und Dudelsäcke, drüben Gamben und Serpente: Alte Musikinstrumente sind seine Passion. Selbst spielt er Dudelsack, sagt er, und wenn Freunde seinen Violinen und Hörnern Töne zum gemeinsamen Spiel entlocken, ist ihm das eine besondere Freude. Die Werkstatt von Arnold Lobisser liegt im obersten Stockwerk des Bräugasthofs direkt an der Seestraße von Hallstatt. Von seinem großen Arbeitstisch aus überblickt er auch den See.

23 Jahre war er Lehrer an der Holzfachschule in Hallstatt, meint Lobisser, und hat sich auch im Instrumentenbau engagiert. Heute führt Werkstättenleiter Richard Jenner sein Werk dort fort. Er ist einer von rund siebzig Lehrern, die an der Hallstätter Holz-HTL unterrichten. Die Schule gibt's hier schon lange, begonnen hatte alles mit fünf Schülern, als Fachschule für Holzschnitzerei und Marmorbearbeitung. Das war im Jahr 1873, die Klasse war untergebracht in einem Haus am Marktplatz, dort, wo heute die Dirndlschneiderin ihre Werkstatt hat. Seit die Saline massiv Arbeitsplätze abgebaut hat, ist die HTL der größte Arbeitgeber von Hallstatt, und mit ihren rund 400 Schülern trägt sie wesentlich dazu bei, dass der Ort selbst im Winter lebendig bleibt. Die meisten Schüler lernen hier Tischler oder Möbelbauer, nur ein kleiner Teil hat einen der drei künstlerischen Zweige belegt: Drechslerei, Bildhauerei, Instrumentenbau.

Jenner kommt aus Wien und hat sich vieles als Autodidakt beigebracht, weil es vorher in Österreich keine Möglichkeit gab, das Handwerk des Instrumentenbauers zu erlernen, wie er sagt. Die Fachrichtung besteht nämlich erst seit 1989, und sie ist noch immer ein Unikat. In den Anfängen wurde alles gebastelt, was Musik macht, heute hat man sich auf Streich- und Saiteninstrumentebau spezialisiert. Richard Jenner, der genauso aussieht, wie man sich einen Lehrer an einer Kunstfachschule vorstellt: „Wir bauen ganz herkömm-

In der Werkstätte der Bildhauer entsteht ein Stier.
A bull is sculpted in the workshop.

Die traditionellen Hallstätter Boote nennt man Fuhr. Früher wurden sie für Warentransporte benutzt.
The traditional boats of Hallstatt are called "Fuhr". They were once used for the transportation of goods.

liche Geigen, Bratschen, Celli oder Gitarren. Aber auch alte Instrumente wie Lauten oder Gamben. Das boomt momentan sehr, überhaupt haben unsere Absolventen kein Problem, an Arbeit zu gelangen." Das meiste Holz kommt übrigens aus der unmittelbaren Umgebung: Fichten aus Gosau oder dem Weißenbachtal, von kompetenten Förstern mit Bedacht ausgewählt und zum richtigen Zeitpunkt geschlägert; dazu Ahorn, Kirsch oder Nuss, das hier ja ebenfalls reichlich wächst.

Gustav Gapp findet das, was er für sein Handwerk braucht, ebenfalls in seiner unmittelbaren Umgebung. Er betreibt in vierter Generation die einzige Steindrechslerei Österreichs. Die Werkstatt hat er genau genommen längst an seinen Sohn abgegeben, trotzdem hat er sich noch nicht zur Ruhe gesetzt. Nach wie vor zieht es ihn in die Wälder und auf die Berge rund um seinen Heimatort Gosau, wo er mit seinen geschulten Augen Fossilien aufspürt. Ob es nicht schwierig ist, noch immer neues Material zu finden? Auf diese Frage schmunzelt der 74-jährige Gapp und meint, dass er mit seiner Erfahrung meist schon von außen erkennen kann, ob sich genaueres Nachstöbern im Fels lohnt. Die Methode heiße nicht gehen, schauen und aufklauben, sondern eher gehen, vermuten und auf Verdacht Gesteinsbrocken auseinanderschlagen. Hilfreich wären auch Überschwemmungen oder Erdrutsche, die sehr oft neues Material zu Tage fördern. Wenigstens lägen die Fossilien außerdem schichtweise beieinander, so wie sie von den Wellen angeschwemmt wurden. Habe man sie erst einmal entdeckt, könne man aus dem Vollen schöpfen.

Von seinen Streifzügen bringt Gustav Gapp vorwiegend Fossilien aus Schneckengehäuse sowie aus den Schalenresten der Ammoniten nach Hause. Es ist

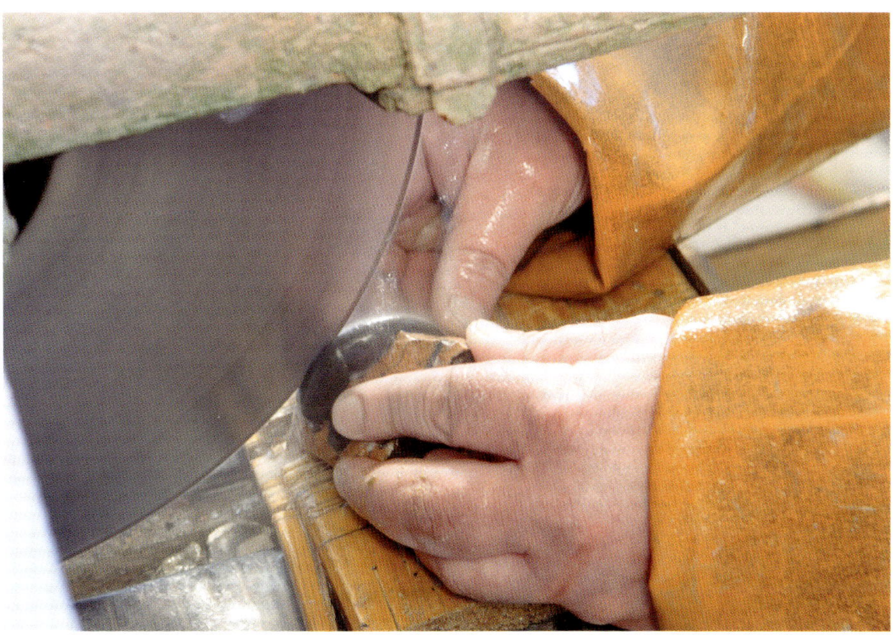

Bild links:
Vater und Sohn Gapp.
Erst nach dem Aufschneiden wissen sie, ob eine Weiterverarbeitung lohnt.
Father and son Gapp. Only after the initial slicing do they know what further processing is required.

Bild unten:
Steindrechseln ist Millimeterarbeit.
Turning a stone is a precise operation.

Bild oben:
Die versteinerten Reste prähistorischer Kopffüßer, Ammoniten genannt
Ammonites are the fossilised remains of prehistoric cephalopods

Bild rechte Seite:
Thomas Gschwandtner in der familieneigenen Keramikwerkstatt
Thomas Gschwandtner in the family-owned ceramics workshop

kein ausgesprochen traditionelles Handwerk, das die Gapps betreiben, dafür arbeiten sie mit den ältesten Werkstoffen, die die Region hervorbringt: die Schneckengehäuse sind bis zu hundert, die Ammonitenschalen gar bis zu zweihundert Millionen Jahre alt. Die Ammoniten waren marine Kopffüßer, also am ehesten mit dem Tintenfisch zu vergleichen, die in spiralförmigen Schalengehäusen lebten, die heute von den Gapps zu wunderbaren Deko- und Schmucksteinen geschliffen werden.

Ein aufwändiger Prozess: Zuerst müssen die Schalen vorsichtig möglichst als Ganzes aus den Gesteinsschichten herauspräpariert werden. Danach schneidet man sie auf, und erst jetzt weiß man, ob es sich lohnt, das Gehäuse weiter zu verarbeiten. „Erst beim Aufschneiden sieht man, wie sich Hohlräume gebildet und mit welchen Mineralien sie sich gefüllt haben", sagt Gapp, „Hundert schmeißt man weg, vier bis fünf sind wunderschön."

Werkstücke aus der Gappschen Schleiferei werden an allen Souvenirständen der Gegend angeboten, vom kleinen Schlüsselanhänger über den wuchtigen Briefbeschwerer bis hin zur wertvollen Brosche. Die reichste Auswahl findet man im Geschäft direkt in Gosau, wo auch andere Steinschliffe, etwa aus gebanktem Dachsteinkalk, verkauft werden. Bei der Werkstatt im Ort gibt es eine Ausstellung besonders schöner Stücke. Am stolzesten ist Gustav Gapp auf den Reginaites gappi Wiedmann, jenen Ammoniten, den er in Gosau quasi entdeckt hat, sowie auf jenen Riesenammoniten von fast einem Meter Durchmesser, zu dem er die Forscher des Naturhistorischen Museums in Wien geführt hatte, wo er heute ausgestellt ist. Über welchen Fund hat er sich nun wirklich am allermeisten gefreut? „Ach wissen Sie, ich freue mich über jedes einzelne Fossil. Immer noch."

Man könnte sagen, dass ihr Handwerk auf einer sehr langen Tradition fußt, schließlich gab es Keramik schon zur Hallstattzeit. Die Brüder Gschwandtner möchten sich aber gar nicht darauf berufen, sie machen Keramik einfach so. Genauer genommen haben sie den Betrieb von ihrem Vater geerbt, der ihn wiederum von einer Künstlerin, der lokalen Berühmtheit Frau Professor Gudrun Wittke-Baudisch, übernommen hat. Sie sind eben damit großgeworden. Heute reihen sie sich in die Schar der zahlreichen Kunsthandwerker, die im Ort ihre Läden eröffnet haben. Wenngleich Peter Gschwandtner auf den Unterschied besteht: „Es ist unser Vollzeitberuf, und im Gegensatz zu vielen anderen kaufen wir bloß den rohen Ton oder stechen ihn sogar selbst und machen alle Verarbeitungsschritte bis zum Endprodukt eigenhändig." Freilich hätten auch sie sich an den Publikumsgeschmack anpassen müssen, nur von Tellern alleine ließe es sich heutzutage kaum leben. Und schon gar nicht von dem, was sie selbst am liebsten töpfern würden, grinst Gschwandtner. Kleine Figuren und dekorative Gegenstände ohne Nutzwert haben die Gebrauchskeramik weitgehend abgelöst.

Im Gegensatz zu den vielen zugezogenen Kunsthandwerkern sind die Gschwandtners echte Hallstätter. Mit Leib und Seele. Damit dürfen sie den Abschluss dieses Kapitels bilden, das sich ganz den Traditionen verschrieben hat: Bis heute haben sich beide hartnäckig geweigert, ein Handy anzuschaffen, und der Computer, den sie auf Drängen von Bekannten vor vier Jahren gekauft haben, verstaubt in seiner Ecke. Statt im Internet zu surfen, trainieren sie lieber für den Ironman.

Summary *Chapter 3:* Crafts: Fashion and Skills of the Past

The folk of the Salzkammergut are accustomed to an earlier way of life and cling to tradition. Talented craftsmen still make a livelihood with their hands in much the same way as their forefathers did, but the times they are a-changing.

Frau Ruth Zimmermann for example is a dressmaker. She believes that no "Dirndle" or traditional Austrian ladies dress should be bought off the peg. No two ladies are identical. Each should be measured, the cloth cut according to the suit, and the garment tailored for a perfect fit. Frau Zimmermann knows. The traditional Hallstatt weekday "Dirndl" is a round low-cut vest dress with blouse worn underneath and an apron, usually made of cotton. For festive occasions the "Dirndl" is more likely to be a costly bourgeois item of pure silk. It will be decorated with a ribbon-ornamented rhombus pattern. The dressmaker does everything herself with painstaking patience including the string along the edge of the low-cut front and the buttonholes.

With equal skill and patience Frau Johanna Röhrenbacher hand-makes "Lederhosen" for the discerning gentleman of the region, be he a woodsman or bank manager, and is always busy. She does the initial measurements herself as well as the cutting and trimming and then glues the leather together for the first fitting – every false stitch would show. Once the fitting process is to her satisfaction she traces the traditional embroidery pattern with rubber-arabicum, copies it with a swan's quill, using only the highest quality silk for the embroidery, and finally completes the sewing of the garment on a 40 year old manually-operated sewing machine. Everything is done by hand.

The cobbler is Herr Rudolf Steflitsch-Hackl whose workshop is located in the centre of Bad Goisern, on the northern shore of Lake Hallstatt. For him handcrafting is also a matter of honour; he is known to make the best mountaineering boots in the world. These now legendary boots were invented by Herr Steflitsch-Hackl's great grandfather who first conceived of the double-seam concept to achieve exceptionally rugged and comfortable footwear, a major improvement to the earlier nailing method. The success of the boot was immediate and among his early customers was Emperor Franz Josef who personally commissioned a pair of "Goiserer" for his hunting expeditions following which business boomed. Soon there was a cobblers shop in every lane in the village. However, today only the original shop is still in business and Herr Steflitsch-Hackl still has the original last made for the shoes worn by Empress Sisi. His customers come from all over the world and their names are recorded one by one on a long waiting list – one and a half years is normal – and no one is given priority regardless of title or celebrity status. Making-to-measure and hand-crafting, together with his trademark double seam, all takes time but is worth the wait.

Any traditional outfit would be incomplete without being crowned with a handmade hat by the local milliner, the hat manufacturing firm of Bittner in Bad Ischl since 1862. In earlier times the society ladies sometimes chose to wear a golden bonnet, but

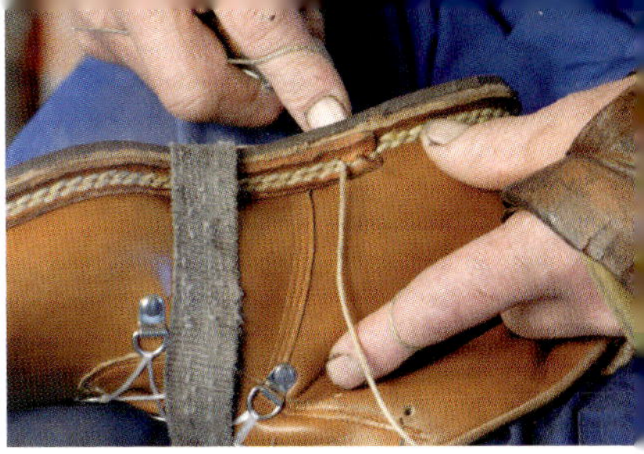

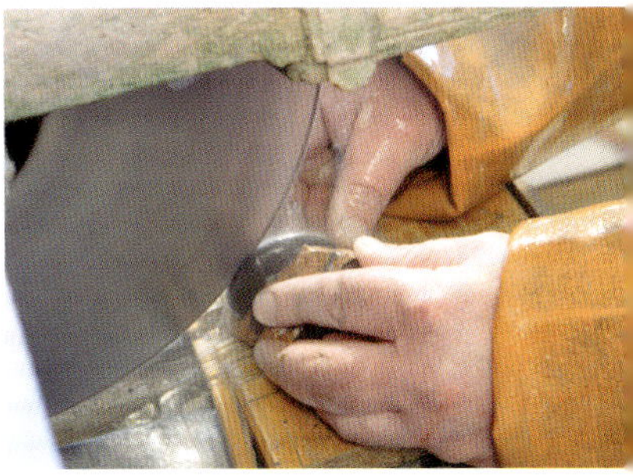

rarely any longer. The custom of headwear continues but only within some of the very traditional ladies groups in the district and is certainly far less common nowadays among the ladies than it is among the menfolk. The deeper one penetrates into the Salzkammergut the simpler the hat styles. Ultimately it serves mainly as a base for the real reason for male headgear: the chamois tuft. The wearer takes great pride in this accoutrement and in most cases the tuft is tied by a specialist in the craft but only using hair from the back of the chamois personally shot by the wearer.

Herr Arnold Lobisser is also an exceptionally gifted craftsman and the material with which he works is wood. He is a cabinet-maker by trade but creates anything and everything – either of his own imagination or to fulfil the order of the customer. Cupboards lovingly detailed, inlay using woods of contrasting colours in complex intertwining patterns, violins and bagpipes and viola da gamba decorated with stylised serpents. Old musical instruments are a passion of his and he personally plays the pipes. He responds with great joy to the notes of his violins and horns when played by friends. Prior to his present calling he taught at the local technical college for 23 years but was always active in instrument making. Now Herr Richard Jenner is head of the workshop and continues the good work there. Stringed instruments are their forte: specifically violins, violas, celli, and viola da gambe. Needless to say, only quality wood is used and all is sourced locally.

Herr Gustav Gapp is a craftsman who sources his particular needs during forays into the surrounding area. He uses the fossils he finds. These he cuts and polishes in his stone turnery, the only one of its kind in Austria, to create decorative sculptures and marvellous pieces of jewellery. Although not strictly a traditional craft, Herr Gapp and son are using the oldest materials found in the region. Good snail shells are around a hundred million years old and the ammonite shells are up to two hundred million years old.

Another craft based on a very long tradition is that of ceramics. The brothers Gschwandtner may have inherited their workshop but they themselves do not have a long history in Hallstatt. They are part of a group of craftsmen who have opened shops relatively recently. Peter Gschwandtner points to a distinction between his business and those of others: "As opposed to many others, we purchase only the crude clay, or we dig it out ourselves, and then carry out all the steps required to produce the end product ourselves." He could have added that despite tradition, the displays in the shop show that the goods sold have been adapted to popular taste – it would not be feasible to expect them to make a living from ceramic plates alone. So small sculptures and other decorative items share space with the more utilitarian items on the shelves.

HABSBURGER

Das Salz, aus dem die Prinzen sind

Wie ein Spiegel liegt der See da. Tief eingeschnitten in steile Wände hat er die Form von norwegischen Fjorden, aber die stahlblaue Farbe von Alpenseen. Die Boote sehen aus der Perspektive vom Salzberg aus wie faule Ameisen, hinterlassen keine von herobeN sichtbaren Spuren auf der seidenglatten Oberfläche des Wassers. Zu Füßen des Betrachters lugt Hallstatt zwischen Bäumen und Sträuchern aus der Tiefe hervor, in direkter Linie am gegenüberliegenden Ufer weitet sich die enge Landschaft und macht Platz für die Wiesen Obertrauns. Dort schlängelt sich der Fluss Traun zu seiner Mündung im Hallstätter See, der für ihn bloß eine Durchgangsstation ist. Links schiebt sich der Sarstein als wuchtiger Felsblock ans Ostufer, lässt nur einen schmalen Streifen für die Bahn und die Wanderer, rechts erhebt sich das Dachsteinmassiv ebenso abrupt aus dem See.

Holt man den Blick aus der Ferne zurück, widmet man sich auf der Sonnenterrasse des Restaurants im Rudolfsturm, der hoch über Hallstatt diese sagenhafte Weitsicht bietet, seiner Jause aus Kirschkuchen und Kaffee. Hat man sich gestärkt, ist es Zeit für eine Runde Geschichte, dieses Mal startet die gedankliche Zeitreise im Mittelalter. Nimmt man den Rudolfsturm genauer in Augenschein, sieht man sofort, dass er nicht als Ausflugslokal in die Gegend gestellt wurde, sondern als Wehranlage: Kurz nachdem Albrecht I. als erster Habsburger Landesherr über Österreich wird, lässt er 1284 diesen Turm erbauen. Bereits wenige Jahre später leistet der nach seinem Vater benannte Turm dem Herzog gute Dienste. In den kriegerisch geführten Konkurrenzkämpfen zwischen ihm und Konrad IV., dem Erzbischof von Salzburg, geht es, wie könnte es anders sein, ums Salz. Hier die erzbischöflichen Salinen von Hallein, da die habsburgischen Salinen in Hallstatt und Aussee. Schließlich geht Albert I. im so genannten Salzkrieg gegen den Erzbischof als Sieger hervor, gleich anschließend schenkt er seiner Frau Elisabeth von Tirol die ganze Region als Morgengabe.

Nach dem Chaos der Völkerwanderung ist das der Startschuss in die Neuzeit. Elisabeth baut das Salzwesen straff organisiert auf und stellt es unter landesfürstliche Hoheit, verstaatlicht es also praktisch. Die Oberaufsicht über das gesamte Hallstätter Salzwesen wird dem 1338 eingerichteten Hofschreiberamt in Gmunden übertragen, dem geographischen Tor zum Salzkammergut. Gmunden floriert und in Hallstatt wird nach und nach alles dem Salz untergeordnet, die Dörfer in der Umgebung werden als Holzlieferanten in die Pflicht genommen.

Im Bergwerk selbst herrscht eine strenge hierarchische, arbeitsteilige Ordnung. Da gibt es Steiger, die die Aufsicht führen, Häuer, die die Stollen schlagen, und Rüster, die die Stollen mit Holz ausbauen. Die einfachen Arbeiter, die Knappen oder Kumpel, hauen nicht mehr wie früher das Salz aus dem Stein, sondern lösen es im Laugverfahren mit Wasser aus dem Berg. Die so gewonnene Sole wird dann im Ort unten im Sudhaus zu Salz gesotten, die Arbeiter dort werden als Pfannhauser bezeichnet. Ihr Alltag ist nicht minder schwer als der der Bergarbeiter, denn die Sole wird in riesigen Eisenpfannen so lange erhitzt, bis das Wasser verdunstet und das Salz übrig bleibt. Eine im wahrsten Sinne des Wortes schweißtreibende Angelegenheit.

Rund um diese Kernwirtschaft entwickeln sich weitere Bereiche, die allesamt ebenfalls direkt dem Landesfürsten unterstellt sind: etwa die gesamte Holzwirtschaft, das Transportwesen oder die Fischerei. Die Fischerei – alles, was die Fischer aus dem See holen, bereichert den Speiseplan der hungrigen Bergarbeiter. Und nicht zuletzt das Schmiedehandwerk: Die Sudpfannen müssen wegen ihrer gigantischen Größe vor Ort produziert werden, weil man sie nicht transportieren kann. Ein komplexes System aus Abhängigkeiten und ineinander verflochtenen Berufsgruppen entsteht, selbst die Zulieferung von Lebensmitteln in die Region ist Teil des landesfürstlichen Plans: Für Landwirtschaft ist hier kein Platz, also verpflichten die Habsburger kraft ihrer Macht im Land eine paar Täler im Umland dazu, ausschließlich nach Hallstatt zu liefern.

Hallstatt wird 1311 zum Markt ernannt, was den Bewohnern gewisse Bürgerrechte bringt, beispielsweise eine bessere Rechtsstellung, als es sonst für Untertanen im Mittelalter üblich ist. Gleichzeitig erkennt Elisabeth den Stand der Salzfertiger an. Diese übernehmen das Salz von der Saline, dörren, also trocknen es, verpacken es in Holzfässern, so genannten Küfeln, und verfrachten es auf den Salzschiffen, um es anschließend zu verkaufen. Es ist ein Berufsstand, der mit vielen Privilegien ausgestattet ist und dessen Inhaber es manchmal zum Adelstitel und fast immer zu Reichtum bringen: Sie tragen zwar das Risiko, dürfen dafür aber auch satte Gewinne einstreichen. Die

Bild links:
Das Löwendenkmal in Traunkirchen ist das Andenken an die schwierige straßenbauliche Erschließung des Salzkammerguts.
The Lion Monument in Traunkirchen commemorates the enormous road construction project that opened up the Salzkammergut.

Bild nächste Seite:
Für den Bräugasthof hat man drei Salzfertigerhäuser zu einer Einheit zusammengebaut.
Three salt houses were combined to form the brewery and inn.

Bräu-Gasthof

schönsten Häuser Hallstatts, vor allem jene in erster Reihe zum See, gehen in ihren Fundamenten auf die wohlhabend gewordenen Salzfertiger zurück.

Aus diesen mittelalterlichen Zeiten der Salzgewinnung sind in Hallstatt kaum weitere Spuren vorhanden, das meiste fiel dem großen Brand von 1750 zum Opfer. Vom alten Sudhaus ganz in der Nähe des neuen Kultur- und Kongresshauses blieb bloß der Name des Platzes: Pfannhausbühel. Gleich daneben, im Keller des Kaufhauses Janu, sind ein paar Mauerreste zu betrachten: Über den prähistorischen und antiken Relikten, die Herr Janu hier hat freilegen lassen, liegen die mittelalterlichen Mauern der ehemaligen Sudpfannenschmiede. So spärlich die steinernen Relikte, so fest verankert ist die Tradition des Bergbaus in den Köpfen der Bewohner, von denen viele stolz auf eine kontinuierliche familiäre Bergmannsvergangenheit von gut sechshundertfünfzig Jahren zurückblicken.

Der schnellen Blüte im Salzwesen folgt ein ebenso rascher Niedergang, als das Bergwerk verpachtet wird. Die Pächter wollen bloß in kürzester Zeit möglichst viel herauspressen, ohne in den Betrieb zu investieren. Erst Maximilian I. übernimmt gegen Ende des 15. Jahrhunderts wieder die volle Kontrolle für die Habsburger. Unter seiner Regentschaft werden weisungsgebundene Beamte in der Verwaltung eingesetzt, die nun statt bisher unabhängiger Bürger oder Kleinadeliger den Betrieb führen. Der Betrieb, das ist im Grunde genommen die gesamte Region, wie schon zu Zeiten Elisabeths: Bergbau, Sudpfannen, Holzwirtschaft, Transportwesen, aber auch Handwerker und Bauern sind der Saline unterstellt, die bis zu zwei Drittel der ansässigen Bevölkerung direkt auf ihrer Lohnliste führt. Bei der steigenden Anzahl der Arbeitskräfte wird die Lebensmittelversorgung zunehmend zum Problem, weswegen kurzerhand die Kreise weitergezogen werden: Sämtliche Bauern des fruchtbaren Alpenvorlandes sowie des steirischen Ennstals dürfen ihre

Bild oben:
In der ersten Reihe ließen die Wohlhabenden ihre Häuser bauen.
The more prosperous inhabitants built their homes in the first row.

Bild rechts:
Hallstätter Häuser sind typischerweise mit Holz gedeckt.
The houses in Hallstatt typically have a wood shingle roof covering.

Produkte, die über den Eigenbedarf hinausgehen, bald nur mehr hier vermarkten.

Ferdinand I., der Nachfolger Maximilians, legt dann 1524 in seinem 1. Reformationslibell die Regeln fest, nach denen das Salzkammergut als Betrieb zu führen ist. „Libelle sind kleine Büchlein, die Sammlungen von Urkunden und Texten enthalten", erklärt der Bad Goiserer Historiker Dr. Michael Kurz. „Genau das sind auch die Reformationslibelle. Kodifikationen der jeweils üblichen Wirtschaftsweise, kompakt zusammengefasst, Analysen mit zukunftweisenden Anordnungen, Nachschlagwerke, Handbücher für die Region. Sie sind eine Art Betriebsanleitung für das gesamte Salzkammergut, die Basis allen Zusammenlebens." Die Entlohnung der Arbeiter und die Arbeitszeit sind darin genauso geregelt wie die Bedingungen im Pfannhaus und im Spital.

Mit der Eingliederung Böhmens ins Habsburgerreich 1526 steigt der Salzbedarf sprunghaft an. Bis dahin war Böhmen von Salzburg aus beliefert

Bild links:
Viele Häuser stehen auf uralten, soliden Steinfundamenten.
Many of the houses are founded on ancient solid rock.

Bild oben:
Die Soleleitung überbrückt den Gosauzwang.
The brine pipeline bridges the restraint of Gosau.

Bilder von links nach rechts:
Wandern entlang der Soleleitung
Trekking along the brine pipeline

Erinnerung an die schwere Arbeit der Kerntragerweiber
Memories of the hard work done by women carrying the heavy salt stones

Beim Zauner am Traunkai in Bad Ischl
At the Zauner on the quay in Bad Ischl

worden, nun liefern die Habsburger lieber ihr eigenes Salz. Die Wälder rund um Hallstatt sind durch den Betrieb der Sudpfannen schon recht licht, an eine Aufstockung der Sud-Kapazitäten vor Ort ist nicht mehr zu denken. Holzmangel in einer Gegend, die heute in allen erdenklichen Grünschattierungen schimmert, erscheint absurd, und doch sind die Hänge im Mittelalter kahl geschlagen worden. So wird einerseits in Ischl der Bergwerksbetrieb aufgenommen, andererseits baut man eine Soleleitung von Hallstatt zum Traunsee, die 1607 in Betrieb geht: Auf der leicht abschüssigen Strecke von rund 40 Kilometern steckt man 13.000 ausgehöhlte Tannen- und Fichtenstämme zusammen, durch die die Sole zur neugebauten Saline bei Ebensee fließt. Diese Soleleitung ist die älteste Pipeline der Welt, sie ist nach wie vor in Betrieb. Die Holzleitungen hat man freilich längst durch Kunststoffrohre ersetzt.

Entlang dieser Soleleitung führt heute ein angenehmer Wanderweg in vier Etappen durch mittlerweile wieder dichte Wälder. En route passiert er ein paar Schlüsselstellen entlang der Traun, anlässlich derer man über den gefährlichen Salztransport auf dem Wasser zu sinnieren beginnt. Die Traun kommt uns heute als idyllisch plätschernder Fluss vor, wenngleich man sich der Versuchung enthalten sollte, die Zehen in ihre eisigen Fluten zu tauchen. Von den Schiffern war sie jedoch immer gefürchtet. Dort, wo sie bei Steeg aus

dem Hallstätter See ausfließt, wurde eine Seeklause errichtet. Hier sammelten sich die großen Salzzillen, die damals in Hallstatt oder Goisern gebaut wurden, vor der geschlossenen Schleuse. Sobald sie geöffnet wurde, trug der kräftige Wasserschwall aus dem See die schwer beladenen Boote – hoffentlich – über alle Hindernisse. Die gefürchtetste Stelle lag dabei aber noch vor den Schiffern: eine besonders wilde Stromschnelle bei Lauffen, ein paar Kilometer flussaufwärts. Angeblich wurden hier ausschließlich Nichtschwimmer als Ruderknechte eingesetzt, damit sie bei Gefahr das Schiff nicht verließen. Zudem war es wegen der Ablenkung untersagt, Frauenvolk an Bord zu nehmen.

Die Salzboote fuhren meistens bis an die Donau. Im frühen Mittelalter wurden sie an ihrem Bestimmungsort als billiges Brennholz verkauft. Als Holz schon bald Mangelware wurde, ging man dazu über, die Schiffe im Gegentrieb, beladen mit Lebensmitteln und Wein, wieder retour zu bringen. Die schweren Rösser der Traunreiter zogen die Schiffe flussaufwärts, für diesen Zweck wurden die ufernahen Treppelwege angelegt, die uns heute beim Spazierengehen erfreuen. Reich wurden damit einmal mehr die Salzfertiger, die mit den Waren aus dem Gegentrieb oft noch mehr verdienten als mit dem Verkauf des Salzes.

Selbstverständlich gehen die Habsburger dabei nicht leer aus, ganz im Gegenteil. Mit Ferdinand I. wird auch der Begriff Kammergut für all jene Besitzungen geprägt, die direkt dem Landesherrn gehören und deren Gewinne ebenso direkt in die Hofkammer, quasi die Privatschatulle des Monarchen, fließen. Es gibt mehrere Kammergüter, deren Erträge allesamt in der Hofkammer gesammelt werden, das „Camerguet des Salzes" steuert zeitweise bis zu einem Viertel der Einnahmen bei.

Das liegt freilich auch daran, dass die Arbeiter schlecht bezahlt werden und andererseits der Salzpreis künstlich in der Höhe gehalten wird. Dennoch ist ein Job bei der Saline durchaus erstrebenswert: er ist krisenfest, der Lohn wird mit Naturalien aufgefettet, und es gibt ein paar satte Privilegien, wie die Befreiung vom Militärdienst oder, etwas später mit dem 3. Reformationslibell, sogar den bezahlten Krankenstand im Zuge eines Arbeitsunfalls! Dieses letzte Libell, 1656 unter Kaiser Leopold I. verfasst, wird mitten in den Unruhen und Verwirrungen der turbulenten Gegenreformationszeit – nahezu die ganze Bevölkerung war zum Protestantismus übergetreten, was dem erzkatholischen Habsburgerhaus nicht passte – als eine Art Zukunftspapier festgeschrieben. Gleichzeitig mit vielen Neuerungen wird hier auch die Abschottung der Region nach außen besiegelt. Dr. Michael Kurz erklärt das so: „Die Saline konkurrierte auf dem internationalen Markt, man wollte tunlichst seine Betriebsgeheimnisse wahren. Die Verfügung, ‚dass niemand frembder und unbekannter ohne des Hofschreibers oder Marktrichters wissen beherbergt werde', formulierte das viel zitierte Betretungsverbot des Salzkammerguts. Wer in die Region reisen will, muss sich in Gmunden, wo nach wie vor das Salzoberamt zu finden ist, oder in Hallstatt selbst einen Passierschein besorgen. Auch Adelige dürfen sich hier nicht niederlassen, was im Libell so begründet wird: ‚Solle einiger nobilitierter Persohn im Cammergut sich niederzulassen ohne unser Special vorwissen nicht erlaubt seyn, zumahlen es die Erfahrnheit gezeigt, dass hiedurch kein Nutzen, sondern vielmehr Schaden tue erwachsen.'"

Der große Umbruch erfolgt mit dem Eintritt ins 19. Jahrhundert. Das Salzkammergut als Staat im Staat ergibt in den aufgeklärten Zeiten immer weniger Sinn und die strengen Regeln beginnen aufzuweichen: Adelige dürfen erstmals siedeln, mit dem aufkommenden Bäderwesen fallen auch die restriktiven Einreisebestimmungen und der Bergbau bekommt Konkurrenz vom Tourismus.

Die Saline selbst wird umgekrempelt und neu organisiert. Mittlerweile ist praktisch jeder, der hier wohnt, dort angestellt, ein klarer Fall von Personalüberschuss. Die Industrialisierung, die von England aus rasch Europa erreicht, bringt neue Techniken, aber auch neue Marktmechanismen. Das Salzwesen kann mit der Entwicklung nicht Schritt halten und verfällt. Die Salzfertiger waren durch rigide Verträge ja schon länger ihrer einstigen Gewinnspannen beraubt, nun sehen sich plötzlich auch die über hunderte Jahre privilegierten Salinenarbeiter mit wachsender Verarmung konfrontiert. Viele Frauen sind gezwungen, zum Familieneinkommen beizusteuern und

nehmen Arbeit als Kerntragerweiber an: Mit Buckelkraxen steigen sie hoch zum Salzberg und bringen von dort die schweren Kernsalzbrocken ins Tal, die als Lecksteine für Wild und Vieh Verwendung finden. Zweimal täglich machen sie sich auf den Weg. An diese tristen Zeiten erinnert in Hallstatt die Kernbank am Dr. Morton-Weg, wo sich die Frauen ausrasten konnten. Auch in den umliegenden Gemeinden kommt es durch Personalabbau und Auflassung von Verwaltungsbereichen zu Arbeitslosigkeit, die viele Familien in tiefste Armut stürzt. Eine Auswanderungswelle nach Amerika ist die Folge. Das Salzbergwerk freilich ist bis heute in Betrieb, allerdings als Wirtschaftsbetrieb wie jeder andere auch.

Bild links:
Kaiser-Franz-Joseph-Denkmal in Bad Ischl
The monument to Emperor Franz-Joseph in Bad Ischl

Bild oben:
Kaiserurenkel Markus Habsburg
Markus Habsburg, great grandson of the Emperor

Der Niedergang im Salzwesen wird durch das Aufstreben des Tourismus aufgefangen. Auch wenn viele Bewohner des Inneren Salzkammerguts noch immer mental eher im Bergbau daheim sind, sind es schließlich die vielen Gäste von außerhalb, die heute zählen. Dieses letzte Kapitel in der Entwicklung der Region wird allerdings nicht in Hallstatt aufgeschlagen, dort schreiben Erzherzog Johann, Alexander von Humboldt und andere prominente Zeitgenossen bloß das Vorwort.

Das letzte Kapitel wird in Bad Ischl geschrieben, dort, wo die Traun den Hallstätter See und die Stromschnellen bei Lauffen schon längst hinter sich gelassen hat. Zu diesem Zeitpunkt ist Bad Ischl ebenfalls eine Bergwerkstadt mit reichen Salzvorkommen. Wieder sind es die Habsburger, die sagen, wo es langgeht, und wieder ist es das Salz, auf das es ankommt: Man weiß bereits um die heilende Wirkung von Sole auf rheumatische Erkrankungen. Mangels Meerwasser probiert man es in Österreich mit Sole aus dem Bergwerk, die einen ähnlichen Mineralgehalt hat, der zudem auf individuelle Bedürfnisse

abgestimmt werden kann. Der Ischler Salinenphysikus Dr. Josef Götz erreicht beachtliche Heilungserfolge bei der Behandlung von Salinenarbeitern und veröffentlicht seine Erkenntnisse. Dr. Wirer, Leibarzt von Kaiser Franz I., wird neugierig, reist mit Kollegen an und kommt auf die Idee, in Ischl ein Solebad zu errichten. Die schöne Lage Ischls, das gute Klima und die Nähe zu den Ischler Salzquellen begünstigen sein Projekt einer ganzheitlichen Kur, in deren Rahmen er auch für die geistige Beschwingtheit und die seelische Entspannung der künftigen Kurgäste Vorsorge trifft. So baut er gemeinsam mit Dr. Götz das erste Solebad, holt in der Folge den Konditor Zauner nach Ischl und veranlasst den Bau der Esplanade, die zum gesellschaftlichen Treffpunkt werden sollte. Ist „Für Körper, Geist und Seele" also doch keine Erfindung unserer Wellness-Zeit?

1823 kommt der erste Patient vom Wiener Hof, Erzherzog Rudolf, der hier von einer Lungenentzündung genest. Es folgen Erzherzog Franz Karl und seine Gemahlin Erzherzogin Sophie, die nach mehreren Fehlgeburten endlich auf Kindersegen hoffen. Ein Wunsch, der nach zwei Solekuren gleich vierfach in Erfüllung geht, als Erstgeborener erblickt der spätere Kaiser Franz Joseph 1830 das Licht der Welt. Er und seine Brüder sind der Nachwelt als Salzprinzen bekannt.

Karl und Sophie bleiben Ischl treu, und Franz Joseph, der mit 18 Jahren zum Kaiser gekrönt wird, setzt diese Tradition fort, die für ihn schon als Einjähriger begann: Sommer für Sommer zieht er mit seinem ganzen Hofstaat nach Ischl, und macht sie für zwei, drei Monate zur Residenzhauptstadt seiner großen Monarchie. In Ischl verliebt er sich am Vorabend seiner geplanten Verlobung mit Helene von Bayern in deren jüngere Schwester Elisabeth, um deren Hand er anhält. So feiert er am nächsten Tag mit Elisabeth – die als Sisi in die

Bild oben:
Der graue Salon in der Kaiservilla im Zentrum von Bad Ischl
The grey salon in the Emperor's villa in the centre of Bad Ischl

Bild rechts:
Die Kaiservilla ist bis heute in Familienbesitz
The villa remains in the Emperor's family to this day

Bild oben:
Mit Jagdtrophäen geschmückter Stiegenaufgang in der Kaiservilla
Hunting trophies adorn the staircase of the Emperor's villa

Bild rechts oben:
Hier fühlten sich Kaiser und Kaiserin im Sommer wohl.
The Emperor and Empress could relax here in summer.

Bild rechts unten:
Kurhaus und Kurpark in Bad Ischl
Sanatorium and gardens in Bad Ischl

Geschichtsbücher und Kitschromane eingeht – seine Verlobung, am Nachmittag unternimmt man eine Spazierfahrt nach Hallstatt. Als Geschenk erhalten die beiden von Franz Josephs Mutter die Villa Eltz, wo Kanzler Metternich bis dato den Urlaub verbracht hatte; sie sollte dem jungen Paar als Heim dienen.

Ein wenig erinnert sie an Schönbrunn: ein langgestreckter Bau eindeutig adeliger Provenienz, dessen Seitenflügel sich einladend ausstrecken. Das Kaisergelb der Fassade ist ebenso strahlend wie der säulenbewehrte Eingangstrakt herrschaftlich. Grüne Fensterläden lassen das Sonnenlicht nur in dünnen Streifen in die Zimmer, ein Springbrunnen auf der mit Kies bestreuten Vorfahrt speit spielerisch Wasser. Ein schlichter Park mit weiten Rasenflächen und hohen Bäumen führt zu einer Anhöhe, auf der das Marmorschlössl steht, das nach dem Umbau der Villa Eltz zur kaiserlichen Villa als Teehaus für Sisi in der herrlichen Landschaft errichtet wurde. Dahinter erhebt sich der rundkugelige Berg Jainzen, in die andere Richtung breitet sich Bad Ischl zu Füßen der Villa aus. Zwischen Zentrum und Kaiserpark toben heute die Kinder im Parkbad, das einst als Privatbad für Sisi erbaut wurde.

Markus Habsburg, der, wären die Zeiten anders, den Titel Erzherzog trüge, so aber lediglich einen Magister vor seinem Namen führt, ist als Ur-Enkel des Kaisers Franz Joseph Besitzer und Bewohner der Kaiservilla. Das alte Gebäude in seinem Glanze zu erhalten ist nicht immer einfach, wie er sagt, und so ist die Kaiservilla der Öffentlichkeit im Rahmen von Führungen gegen einen kleinen Obolus zugänglich. Über die Aufenthalte Kaiser Franz Josephs, der fast jeden seiner 86 Lebenssommer hier verweilte, ist nur wenig schriftlich dokumentiert, Markus Habsburg schildert das Leben, wie es wohl gewesen sein muss: „Die ganze Villa war bewusst heimelig gebaut, Kaiser und Kaiserin wollten sich hier

wohlfühlen. Natürlich erledigte der Kaiser von hier aus auch dringende Amtsgeschäfte und empfing wichtige Staatsgäste, im Vordergrund stand aber die Erholung." Dass der an sich friedliebende Kaiser ausgerechnet in seinem geliebten Ischl die Kriegserklärung an Serbien unterschreiben musste, fällt unter Zynismus der Geschichte. Habsburg weiter: „Entspannung hieß: der Kaiser ging in der Früh und am späten Nachmittag auf die Jagd, die Kaiserin turnte, wanderte auf den Jainzen, ging reiten oder machte Ausflüge, die bei den Hofdamen wegen der damit verbundenen großen Anstrengungen gefürchtet waren."

Des Kaisers Jagdtrophäen zieren nach wie vor den Stiegenaufgang, überhaupt ist Markus Habsburg stolz darauf, „dass sich in der Kaiservilla seit vier Generationen nichts Wesentliches verändert hat". Bei einem Rundgang durch das für kaiserliche Verhältnisse nahezu bescheidene Palais, werden Bilder aus einer untergegangenen Zeit lebendig, die wir sonst nur aus Kostümfilmen kennen.

Kaiser und Kaiserin mögen ein zurückgezogenes Leben in ihrer Villa führen, in Ischl ist dafür der Bär los. Im Sog der Habsburger ist ein sommerlicher Aufenthalt in Ischl ein Muss geworden; alles, was Rang und Namen hat oder sonst wie dazugehören will, reist mit Sack und Pack auf den oft beschwerlichen Wegen ins Salzkammergut. Operettenkomponisten mit klangvollen Namen wie Johann Strauß, Franz Lehár, Robert Stolz oder Emmerich Kálmán machen hier nicht bloß Urlaub, sondern komponieren und geben Konzerte. Ebenso der große Schauspieler Alexander Girardi und sein weibliches Pendant Katharina Schratt, die sich auch als des Kaisers Freundin geschichtlich verewigt. Adelige und Staatsmänner, Künstler und Großbürger bevölkern in den Monaten Juni bis September das Städtchen, das sich aus seiner Bergbauvergangenheit in Windeseile herausgeputzt hat.

Verblüffenderweise steht es heute noch genauso da. Ischl, das seit 1906 mit dem Prädikat Bad geadelt ist, hat zwar hier und dort an Modernität gewonnen, seine Grundzüge aber beibehalten. Die Esplanade am Traunkai ist das Herz des sommerlichen Bad Ischls. Blumenkästen mit leuchtendroten Geranien zieren das Ufergeländer, unter dicht belaubten Kastanienbäumen sitzen vornehme Damen mit blassen Gesichtern und nippen an ihrem Tee. Bei Sonnenschein glaubt man in ein Gemälde von Renoir hineingeraten zu sein, dessen Damen man Dirndl angezogen hat. Wir können aber genauso gut bei den heimischen Malern bleiben, wie zum Beispiel bei Rudolf von Alt, dessen Aquarell von der Esplanade aus dem Jahr 1837 von verblüffender Aktualität ist. Gut, statt Kutschen fahren heute Autos und statt Gehrock trägt man eher Lederhosen, aber so kleinlich mögen wir nicht sein.

Bad Ischl ist ein historisches Kleinod. Am Traunkai blicken die prachtvollen Salzfertigerhäuser über den Fluss. Wenige Gehminuten davon entfernt, spielt im Kurpark sommers ein Orchester, im Kurhaus finden wie eh und je festliche Gesellschaften statt. Im Stadtzentrum mit seiner Trinkhalle, seiner beeindruckenden Kirche, seinem klassizistischen Theater, in dem heute das Kino untergebracht ist, braucht man nur wenig auszublenden, um völlig in die Vergangenheit einzutauchen.

Bad Ischl war ein touristischer Aufsteiger, das Städtchen wurde fast über Nacht aus seiner Bergbautradition gerissen, ganz anders als Hallstatt, wo sich der Übergang zum Tourismus nur langsam vollzog. Heute leben beide ganz gut von den Gästen aus nah und fern, auch wenn jede eine andere Klientel anspricht: in Hallstatt die Sehenswürdigkeitensammler, die das älteste Bergwerk der Welt plus den Welterbe-Ort auf ihrer Liste abhaken möchten – in Bad Ischl die Genießer, denn in der Metropole des Salzkammerguts, in der kosmopolitischsten Stadt im ganzen Seengebiet, findet sich alles, was man zum Relaxen heutzutage so braucht: 1a-Restaurants, elegante Cafés, exquisite Geschäfte und Boutiquehotels im Designerstil. In Hallstatt die Dachsteingeher – in Bad Ischl noch immer die Kurgäste, die sich vom salzigen Bade Gesundheit versprechen. Es gibt freilich auch dazwischen und rundherum noch einiges zu sehen und zu erleben: wunderbare Landschaften, herausfordernde Sportmöglichkeiten, ländliche Geruhsamkeit. Wobei das eine Interesse ja das andere nicht ausschließt, und so können wir nur empfehlen: Sehen Sie sich alles an!

Bild links:
Franz Lehár, dem das Denkmal gewidmet ist, hat in Bad Ischl viele seiner Meisterwerke geschaffen.
The monument to Franz Lehár who composed many of his masterpieces in Bad Ischl.

Bild oben:
Im Kurpark finden im Sommer Konzerte statt.
Concerts are held in the garden in summer.

Summary *Chapter 4:*
Habsburger: The Salt of which Princes are Made

From high above Hallstatt the "Rudolfsturm", or Rudolf Tower, offers panoramic views all over the surrounding country – an ideal point for the erection of a defensive structure. The original order for the construction of the tower was given by Duke Albrecht of Austria, the first member of the Habsburg dynasty in 1284. The tower was named in honour of Albrecht's father. It proved its worth shortly after completion in the so-called Salt War fought between Duke Albrecht and the Archbishop of Salzburg in which Albrecht prevailed. Subsequent to his triumph in the Salt War he bestowed the entire region as a wedding gift on his wife Elisabeth of Tyrol.

It was Elisabeth who restructured the salt industry along strictly organised business principles and placed it under the authority of the provincial authority. In so doing she virtually nationalised the industry. The principle known today as division of labour was followed in the mine. A strict and hierarchical order was instituted: there

were "Steigers" who organised the mining, the "Häuser" responsible for digging the tunnels, and the "Rüster" who reinforced the tunnels with the timber work. The extracted brine was boiled to make the salt in the "Sudhaus" in town and there the labourers were known as "Pfannhauer". Their daily routine was no less burdensome than that of the miners. The evaporation process involved heating the brine in huge iron pans for many hours before the valuable salt crystals emerged.

The salt mining industry relied on numerous support industries such as timber: wood was necessary for the mine supports and as fuel, the transportation industry, the fishing industry, and the forging of tools and other equipment. All gradually fell under the control of the provincial sovereign. Due to their enormous size, the iron brine pans had to be manufactured in situ at the place of their usage because it was simply not possible to transport them. An increasingly complex system of interdependency and interlaced occupational categories arose. Because there was insufficient land available adjacent to the village of Hallstatt for agriculture, the Habsburgs authorised that several of the adjoining valleys be dedicated to the production of food for the sustenance of the important industry. Even the delivery of victuals into the region was part of the provincial sovereign's grand plan.

Due to the growing importance of Hallstatt and its elevation to the status of a market town in 1311, the inhabitants were entitled to certain civic rights, for example improved legal rights, which was more than was customary for other subjects in the Middle Ages. It involved acknowledgement by Elisabeth of the rank of the salt makers. The salt from the brine was delivered to them, and once they had ensured that it was completely dry, packed it into wooden barrels called "Küfeln", and transported it to the salt ships for delivery to the purchasers. The salt traders were endowed with numerous privileges, and they almost always achieved great wealth. Some rose in society and were granted noble titles. They worked hard, took risks, and in return they profited. Hallstatt's most beautiful historic homes, especially those overlooking the lake, were built by early successful salt-makers.

With the incorporation of Bohemia into the Habsburg Empire in 1526 the market for salt continued to increase but eventually the forests around Hallstatt could no longer sustain the ever increasing demands of the brine pans. The result was deforestation. A shortage of wood in an area that is covered with all hues of green today may seem unimaginable yet by the Middle Ages the mountain slopes had been denuded. The outcome was to extend the mining operation to Bad Ischl and to construct a brine pipeline from Hallstatt to Lake Traun in 1607 and so brine from Hallstatt was transported via the pipeline to Ebensee for the evaporation process. This is the world's oldest pipeline and is still in operation today.

Nothing very much changed in the industry over the following centuries until the 19th century. By then the Salzkammergut was being run as a state-within-a-state which was contrary to the government of the more enlightened times and so the rigid controls and regulations were gradually relaxed. Prior to this virtually everyone who lived in Hallstatt was employed in the salt industry and the outcome was serious overstaffing. The industry was completely reorganised from top to bottom. From England the principles of industrialisation were exported to the continent and it brought with it new technologies together with new marketing mechanisms. The salt industry had been run along very different times for too long, it was unable to evolve, and fell into decay. Fortunately for Hallstatt its decline took place simultaneously with the rise of tourism.

The region's final chapter is written in Bad Ischl. The healing qualities of brine for the treatment of rheumatic diseases were increasingly being recognised. Experimentation with brine instead of seawater in land-locked Austria proved immediately successful. The first patient from the court of Vienna arrived in 1823. It was none other than Archduke Rudolf who recuperated there from a bout of severe pneumonia. He was followed by Archduke Franz Karl and his wife the Archduchess Sophie who were hoping for a child after a series of miscarriages. Their hopes were realised after just two brine treatments and their first child, later to be Emperor Franz Josef, was born 1830. He and his brother were known to later generations as the Salt Princes.

Karl and Sophie remained loyal to Ischl and Franz Josef, who was crowned Emperor at the age of 18, continued the tradition of moving his entire royal household to Ischl every summer which began when he was one year old. And so for two or three months every year Ischl became the residential capital of his enormous monarchy.

In the wake of the Habsburg's custom of an annual summer sojourn in Ischl, the status seekers of the empire also travelled the difficult roads into the Salzkammergut with bag and baggage in order to be seen in the right place. The aristocracy and statesmen, artists and members of the haut bourgeoisie now populated the former mining town that had reinvented itself from June to September every year. And it remains a fashionable venue to this day. Time has not dimmed Ischl's reputation.

Alleluja! Heil Ehre
und Kraft sei unserm
Gott!

FESTE

Einen Anlass gibt es immer

Bild oben:
Erste Station der Seeprozession am Marktplatz
The first stop of the Lake Procession in the market place

Bilder rechte Seite oben:
Nach dem Hochamt in der Kirche beginnt die Prozession.
The procession begins after High Mass in the church.

Es liegt was in der Luft. Schon Tage vor dem Ereignis verdichten sich in Hallstatt die Anzeichen dafür, dass sich bald Großes tun wird. Die Zeit für Gespräche ist knapp geworden, der eine hat sein Sortiment an Postkarten aufzustocken, die andere ihre Speisekarte zu überarbeiten, die dritte ihre Goldhaube auszubessern. Bootsbauer Lenz hat überhaupt alle Hände voll zu tun, Anfang Juni sind erst die wenigsten Boote voll in Schuss gebracht und nun drängt die Zeit. Je näher der Tag rückt, desto präsenter wird das nahende Fest im Stadtbild, vor allem unten am Wasser, wo Birkenäste, Buchenlaub und Tannenzweige die auf Hochglanz polierten kleinen Boote der Hallstätter nach und nach schmücken.

In den frühen Morgenstunden des Fronleichnamstages bricht mit dem lauten Knall der Prangerschützen um sechs Uhr in der Früh das große Fest an. Das Fest der Feste in Hallstatt: die Seeprozession. Drei Böllerschüsse und ihr dumpfes Echo geben den Auftakt zum feierlichen Tag, dessen zeremonieller Teil zwei Stunden später beim Hochamt in der Kirche beginnt. Die Hallstätter in ihren Festtagstrachten strömen zur heiligen Messe herbei, vergessen ist die Hektik der vorangegangenen Tage, groß die Freude über so manches Wiedersehen: Die Fronleichnamsprozession ist in Hallstatt auch ein gesellschaftliches Ereignis, und so finden alljährlich die Bewohner, die ausgewandert sind – etwa nach Wien, Linz oder Gmunden –, wieder ihren Weg zurück in die Heimat. Da wird noch vor dem Kirchgang geratscht und getratscht.

Hallstatt zu Fronleichnam platzt aus allen Nähten, weil das Fest auch neugierige Zuseher anlockt. Fernsehteams und Fotographen aus aller Welt,

Radfahrer und Wanderer, die in ihren Freizeitklamotten eine Spur zu leger für den Anlass daherkommen, japanische, amerikanische und wienerische Festtouristen, Besucher aus den umliegenden Gemeinden … Am Marktplatz herrscht, derweil in der Kirche der Gottesdienst läuft, großes Gedränge. Die Cafés rund um die Dreifaltigkeitssäule haben Hochbetrieb, selbst die zusätzlich aufgestellten Bankerl fassen den Zuseherandrang nicht.

Wieder sind es die Prangerschützen, die mit ihren Böllern den Fortgang der Ereignisse verkünden. Nun macht sich die Prozession auf den Weg von der Kirche zur ersten Station am Marktplatz, wo am Fuße der Dreifaltigkeitssäule ein Altar aufgebaut ist. Die Kindergarten- und Schulkinder bestreuen den letzten Teil des Weges mit Blumen, begleitet von den forschen Klängen der Salinenmusikkapelle treffen die Kirchgänger ein. Ab nun entfaltet sich vor den Augen der gespannten Zuseher ein barock-opulentes Kirchenfest, das nur auf den Uneingeweihten zufällig wirkt – in Wirklichkeit hat alles seine strenge Ordnung: zuerst die Salinenmusikkapelle, danach das Bergbaukondukt, gefolgt von den Kirchenfahnen der heiligen Barbara und des heiligen Josef. Anschließend die Goldhaubenfrauen, die Marienfahne mit dem Heiligen Florian, der Feuerwehrkondukt und so weiter bis zum Höhepunkt: der von vier Männern getragene Baldachin mit der edelsteinbesetzten Monstranz, die das Allerheiligste – die Hostie – trägt.

Gebete werden gesprochen und die Segnung erteilt, dazwischen singt ein Frauenchor zu Geigen- und Kontrabassklängen. Es wird um Friede auf Erden und die Einheit aller Christen gebetet. Die Stimmung ist feierlich und andächtig, aber trotzdem leicht und fröhlich, hat keine Schwere oder Düsterkeit – ganz besonders nicht, wenn die Sonne vom Himmel strahlt. Nach dieser

Bild oben:
Alt und Jung sind der Tradition verpflichtet.
Young and old are bound by tradition.

Bilderleiste:
Die Seeprozession ist ein barock-opulentes Kirchenfest.
The Lake Procession is an opulent Baroque church festival.

ersten Station zieht der ganze Schweif an Menschen und Fahnen weiter ans Seeufer, wo die Feierlichkeiten auf Boote verlagert werden. Im Mittelpunkt steht das große Sakramentsschiff – früher eine Holzzille, die im Alltag zum Transport von Salz verwendet wurde, heute ein Nachbau, der von der Gemeinde eigens für das Hochfest angeschafft wurde. Das Boot ist zu einer schwimmenden Kapelle ausgestaltet; Priester und Würdenträger, Ministranten und Goldhaubenträgerinnen, der Kirchenchor und einige Fahnen lassen sich damit von kräftigen Mitgliedern der Pfarre auf den See hinausrudern.

Begleitet wird das Sakramentsschiff, der so genannte Mutzen, von unzähligen anderen Booten, die es in alter Tradition umkreisen. Die Prozession schaukelt gemütlich über den See. Der Anblick der mit grünem Laub geschmückten Begleitboote, die im Pulverdampf der Salutschüsse um das Schiff mit dem weithin sichtbaren Baldachin zu tanzen scheinen, hat die Fronleichnamsprozession von Hallstatt weit über die Ortsgrenzen hinaus berühmt gemacht. Die Ruderer in ihrer Lederhosenpracht, die goldenen Sonnenreflexe am Wasser, die dunklen Steilflanken und imposanten Wände der Berge im Hintergrund

Bild oben:
Die Prangerschützen begleiten den Festtag mit lauten Böllern.
The festivities are accompanied by the sound of the riflemen's gunfire.

sind Teil dieses Bildes, das den moder nen Zeiten trotzt.

Fronleichnam bedeutet soviel wie Leib Christi, im Mittelpunkt des Festes steht die Eucharistiefeier, also das Abendmahl. Fronleichnamsprozessio nen gibt es ungefähr seit dem 13. Jahr hundert, feierliche Umzüge zu diesem Anlass sind in katholischen Gegenden keine Seltenheit. Selten sind sie aber so berühmt wie die Prozession in Hall statt. Sie geht auf das Jahr 162 zurück, seit 1628 wird das Fest als immerwährende Stiftung von der Saline getragen. Am Ablauf hat sich über die Jahrhunderte nur wenig ge ändert, wenngleich sich auch die Saline – zum nicht geringen Ärger so mancher Pfarrmitglieder – deutlich zurückgezogen hat: Wurden früher sämtliche Boote von der Saline gestellt, betreibt sie heute nur mehr ihr eigenes Boot, in dem die Salinen musikkapelle in ihrer prachtvollen Bergmannstracht aufspielt.

Solcherart musikalisch untermalt geht alles seinen vorbestimmten Lauf Die zweite Segensstation ist die Salz bergstation, die erreicht ist, sobald vom Sakramentsschiff aus das Salz berghochtal zu sehen ist. Hier wird dem Herrn direkt am Wasser, weit draußen am See, für den Salzberg gedankt, lautstark durch Kirchenchor und Prangerschützen, leiser durch Gebete und Segenssprüche. Danach werden die Schiffe wieder ans Ufer gerudert, was den jungen Männern an den Rudern je nach Wellengang die Schweißperlen mehr oder weniger heftig auf die Stirn treibt. Es sind noch zwei Stationen zu machen: am Altar an der HTL am Ortsende, der der Jugend gewidmet ist, sowie am Kriegerdenk mal, wo aller Kriegsopfer, Toten des

Bild vorige Seite:
Die aufwändig von Hand gearbeiteten Goldhauben werden bei festlichen Anlässen wie der Seeprozession stolz getragen.
Elaborate handmade golden bonnets are proudly worn in the Lake Procession and on other special occasions.

Bilder linke Seite:
Die Berge stehen zur Sonnwende in Flammen.
The mountains are ablaze during the summer solstice.

Bild oben:
Kaisergeburtstag mit Kaiserurenkel in Bad Ischl
Great grandchildren of the Emperor on the Emperor's birthday in Bad Ischl

Bergbaus, Verunglückten in Berg und See sowie allgemein aller Toten gedacht wird. Hier sind die Ruderer erlöst, die Prozession geht zu Fuß zum Schlussakt: dem Abschlusssegen und einem feierlichen Te Deum in der Kirche. Damit zerstreut sich die Zusehermenge auch langsam, zurückbleibt eine festliche Stimmung noch weit bis in den Nachmittag hinein. Weltliche Themen lösen die christlichen ab, alle Geschichten, die sich im Laufe des vergangenen Jahres in Hallstatt ereignet haben, machen noch einmal die Runde.

Viel liegt im Vorfeld zum nächsten Fest im Jahresreigen nicht in der Luft – hier ein Holzstoß, da ein Plakat, darüber hinaus keine fiebrige Hektik, keine rastlosen Vorbereitungen. Wen man auch fragt, wo es denn am schönsten sei, man erntet bloß ein Schulterzucken: „Is' eh überall okay." Fast beschleicht einen das Gefühl, in diversen Fremdenverkehrsprospekten würde die Werbetrommel für ein Ereignis gerührt, das hier gar keines ist: die Sonnwendfeier. Ein bisschen ratlos sucht man sich – wenn man schon mal da ist – einen Standpunkt aus und macht sich am frühen Abend auf den Weg etwa auf die Badeinsel in Hallstatt, rauf auf den Krippenstein oder hinüber nach Gosau und rauf auf die Zwieselalm. Angeblich ist es ja am Berg am schönsten.

Darüber rätselt man noch eine Zeit lang, ungefähr so lange, bis sich die Sonne entschließt, der Welt für heute den Rücken zu kehren. Wenn es gegen halb zehn mehr dunkel als hell ist, beginnt es auf einmal auf den Bergspitzen rundherum zu flackern. Zunächst nur ein Lichtpunkt, dann noch einer … und da, ein Dritter. Die Akustik ist gut im Gebirge, und so hört man zunächst ein sattes Plopp, wenn der Holzstoß entzündet wird, bevor man die Flammen züngeln sieht. Mit jeder Minute, die es später wird, entfachen mehr und mehr Feuer, selbst auf den entlegensten Gipfeln. Wer macht sich nur diese Mühe?

Im Park der Kaiservilla: Jeden 18. August wird die Monarchie für einige Stunden wieder lebendig.

The Monarchy is relived for a few hours every year in the garden of the Emperor's Villa on the 18th August.

Ortskundige Zuseher wissen von der Bergwacht, der Bergrettung, den Naturfreunden, die für dieses und jenes Freudenfeuer verantwortlich zeichnen.

Es dauert eine Zeit lang, bis man sich losreißen kann von den Bergen, die in Flammen stehen. Zu Ziehharmonikaklängen setzt man sich ans eigene Feuer, wärmt die kühl gewordenen Finger und wundert sich über die neu gemachten Bekanntschaften, die bereits zur Sonnenwende der Melancholie verfallen und seufzen: „Ach weißt, ab jetzt werden die Tage ja wieder kürzer. Das ist eigentlich traurig." Die meisten scheinen sich über den bevorstehenden Sommer aber doch zu freuen.

Das Geburtstagskind, für das ganz Bad Ischl dann zwei Monate später Kopf steht, kann die Gratulationen längst nicht mehr entgegennehmen. Am 18. August 1913 wurde ihm hier das letzte Mal persönlich gehuldigt, das letzte Mal nach unzähligen Jahren, die Kaiser Franz Joseph zu seinem Geburtstag in Bad Ischl verbrachte. Der Erste Weltkrieg hinderte ihn in seinen verbleibenden drei Lebensjahren daran, diese Tradition fortzuführen, die mit seinem Ableben aber nicht ausgestorben ist. Stellvertretend für den verstorbenen Kaiser steht heute sein Urenkel Markus Habsburg der Zeremonie vor, der in Bad Ischl noch immer liebevoll mit Kaiserliche Hoheit oder Erzherzog Markus angesprochen wird. Der Höhepunkt der Feierlichkeiten ist das Hochamt in der Pfarrkirche St. Nikolaus und der anschließende Aufmarsch der angetretenen Regimenter, Musikkapellen, Bataillone, Schützenkompanien und Bürgerwehren in ihren historischen Uniformen in Richtung kaiserliche Villa. Wie schon zu Kaiser Franz Josephs Zeiten.

Wie damals auch ist der Park an diesem Tag öffentlich zugänglich, und Zaungäste aus nah und fern mischen sich unter die geladenen Gäste, vielfach blauen Blutes. Am Stil des Publikums lässt sich erahnen, wer aus welchen

Gründen da ist: Da sind die Herrschaften in nobler Kleidung der Jetztzeit mit Ascot-würdigen Hüten – eindeutig, wenn nicht adeliger, dann zumindest gehobener Provenienz. Da sind eine Handvoll Damen in hochgeschlossenen Kleidern und mit schwingenden Reifröcken, begleitet von Herren mit Zylinder in steifen schwarzen Anzügen. Eine große Gruppe trägt festliche Tracht, was auf Zuseher schließen lässt, die entweder mit der Ausrichtung des Festes zu tun haben oder die den Kaisergeburtstag gebührend würdigen. Der Rest in mehr oder weniger sonntäglicher Kleidung ist aus reiner Neugier gekommen, und in ihren Reihen sorgt das überlieferte Zeremoniell für das eine oder andere Grinsen.

Bilder linke Seite:
Kaisergeburtstag und danach Ausklang beim Zauner
The Emperor's birthday draws to an end at the Zauner

Bild unten:
Startschuss zum Hallstätter-See-Rundlauf
The race around Lake Hallstatt begins with the starter's gun.

Die Kompanien marschieren in Reih und Glied auf, dazu spielt die Bürgermusikkapelle Bad Ischl, die sich vor allen anderen eingefunden hat. Haben endlich alle in einem großen Halbkreis vor der Villa Aufstellung genommen, begrüßt Hausherr Markus Habsburg die Gratulanten und nimmt die Glückwünsche entgegen. Zum Abschluss des offiziellen Teils erklingt die Kaiserhymne „Gott erhalte", und aus der Kanone donnern Salutschüsse. Danach zerstreuen sich die Formationen, und meistens klingt das Fest noch beim Zauner auf der Esplanade heiter und informell aus.

„No fua zehn, zwöf Joah", verrät ein Herr mit grauem Bart, Jagdhut, Joppe und Lederhose, „woan do nua mehr a poa Leit mit ihre Fohnan do." Ganz überrascht ist er, „wiavü do heit los is". Das liegt wahrscheinlich daran, dass findige Tourismusstrategen das Potential des anachronistischen Festes erkannt und den Kaisergeburtstag in ein regelrechtes Event verwandelt haben. Rund um Kaisermesse und Kaiserempfang haben sie ein mehrtägiges Programm mit Konzerten, Gala und sogar einer Golf-Trophy zusammengestellt. Aus Sicht der Marketingexperten ist das Highlight die Nacht der Kaiser, die im und ums Kurhaus zahlreiche Promis anlockt, was wiederum die Neugier von Krethi und Plethi schnürt.

Im Spätsommer greifen die Goiserer, die traditionsverbundenen Nordeferanrainer des Hallstätter Sees, massiv ins hiesige Festgeschehen ein – gleich mit drei Veranstaltungen. Den Auftakt macht der Pfeiferltag, der jährlich am 15. August auf einer Alm zelebriert wird, alternierend mal hier, mal im Ausseer, mal im Ischler Land. Das Pfeiferl ist eine Seitlpfeife, eine einfache Quer-

flöte, die am schönsten im Freien klingt. Ihr Klangspektrum ist wesentlich vielfältiger als das der bekannteren Blockflöte: Es gibt die Pfeiferl in unterschiedlichen Stimmungen und Grundtönen, außerdem hat auch das Lippenspiel Einfluss auf die Töne. Ein harmonisches Seitlpfeifenspiel erfordert viel geduldige Übung, ein Zeitaufwand, den nur mehr wenige aufbringen – entsprechend selten kommt man in den Hörgenuss. Der Pfeiferltag ist eine dieser raren Gelegenheiten.

Ganz den Goiserern gehört *das* Brauchtumsfest schlechthin: die Gamsjagatage Ende August. Sie stehen bereits seit 1960 am Festkalender. Ursprünglich ein Fest für Jäger, Gamsbartsammler und Schützen, weht seit einigen Jahren ein frischer Wind am Festgelände. Zwei junge Damen haben die Organisation übernommen und die Gamsjagatage einem breiteren Publikum geöffnet. Dabei schafften sie das Kunststück, das Fest nicht zu verkitschen. Im Mittelpunkt stehen verschiedene Veranstaltungen, wie die Gams-Trophy – ein Waffenradrennen, bei dem es um alles, nur nicht um Schnelligkeit geht –, die Mr. Gamsjagaversteigerung – bei der ausschließlich Damen für einen guten Zweck zuschlagen dürfen – oder die Vogelzwitscher-EM, bei der gestandene Mannsbilder am Podium des Festzeltes einer Jury Kreuzschnabel, Buchfink oder Stieglitz pfeifen, ein Repertoire, das im Land der passionierten Vogelfänger bald einer drauf hat. Der Höhepunkt ist die Gamsbart-Olympiade, die, wie es sich gehört, nur alle vier Jahre stattfindet. Sie wird von den Teilnehmern durchaus ernst genommen, die schönsten Gamsbärte treten in verschiedenen Größenkategorien gegeneinander an. Eine fachkundige Jury misst und bewer-

tet. Entscheidend für die Medaille ist neben der Qualität der Barthaare und der Schönheit des „hellen Reifens“ an den Bartspitzen auch die Dichte des Bartes und die solide Arbeit des Gamsbartbinders.

Ein wichtiges Element der Gamsjagatage ist die Musik. Lokale Gruppen und Gäste aus dem Ausseer Land und aus Bayern spielen ganz urtümlich auf, weit jenseits Karl Moikscher Schunkelhaftigkeit, manchmal dafür mit einem Schuss Schrägheit. Das Rahmenprogramm bilden Handwerksausstellungen und herzhafte Küche sowie für Außenstehende auch das Publikum in seiner Festtagstracht selbst.

Ein Wochenende später rufen die Goiserer noch zum Aufgeigen in der Kirchengasse. Nun dreht sich alles ums Geigenspiel, völlig nebensächlich, woher die Stücke stammen. Das Geigenfest hat einen historischen Hintergrund: Vor allem in der zweiten Hälfte des 18. Jahrhunderts blühte in Goisern das Handwerk der Geigen- und Lautenmacher. Guten Absatz fanden die oft kunstvoll verzierten Instrumente bei den zahlreichen „Geigenmusi“-Gruppen, die mit zwei Geigen und einer Bassgeige zum Tanz aufspielten.

Neben all diesen Festen mit kirchlichem oder bäuerlichem Hintergrund haben auch moderne Feste ihren Fixpunkt im Kalender, heutzutage freilich eher Events genannt. Gemäß der hiesigen Lebensart geht es dabei vorwiegend um Sportliches. Für die Hallstätter ist das wichtigste Ereignis nach der Fronleichnamsprozession der Seerundlauf, der mittlerweile auch schon sein 20-jähriges Jubiläum hinter sich hat. Immer im Mai starten die Teilnehmer zu diesem Halbmarathon auf der vielleicht landschaftlich schönsten Laufstrecke

Bild links:
Zur Gamstrophy werden die Waffenräder ausgepackt, die ursprünglich von der Waffenfabrik in Steyr hergestellt wurden; daher auch der Name.
The old bicycles, "Waffenräder", are unpacked for the Chamois Trophy. The bicycles take their name from the old arms factory in Steyr.

Bild rechts:
Der Gamsbart ist des Mannes Zier.
The tuft of the chamois is every man's proudest accessory.

Gamstrophy
AUT
68
www.gamsjagatage.at
www.gamsjagatage.at
Gams Jaga Tage
07

der Welt. In Bad Goisern ruft man dann im Juli zur Mountainbike-Trophy, zum längsten Mountainbike-Marathon überhaupt: 200 Kilometer, 7000 Höhenmeter, 10 Stunden – nur die Härtesten starten auf der vollen Strecke; wie beim Seerundlauf auch gibt es kürzere Strecken für Hobbysportler. Das jüngste Kind der sportlichen Veranstaltungen ist noch ein wenig extremer: der Dachstein-Extrem-Bewerb für Teams, in dem sich die Teilnehmer im Paragleiten, Berglaufen und -klettern, Freeriden und Schwimmen messen.

Bild links:
Die Gamsjagatage in Bad Goisern sind das große Brauchtumsfest der Region.
The "Gamsjagatage" season in Bad Goisern is a great traditional festival in the region.

Mit einem Brauchtumshöhepunkt geht der Sommer in Gosau zu Ende. Der Almabtrieb ist die Danksagung der Bauern und ihrer Sennerinnen für einen gut verlaufenen Sommer in den Bergen. Die ganze Familie kommt mit, wenn die Kühe Mitte September auf der Plankensteiner Alm zum Aufschmücken gesammelt werden, im Schlepptau Zuseher aus dem Ort und neuerdings auch aus weiter entfernten Gegenden. Die machen es sich in der Sonne gemütlich, derweil die Beteiligten alle Hände voll zu tun haben, das Vieh aufzuputzen: Schlaufen und Mascherl für alle Kühe, ein gewaltiger Aufbau für die Leitkuh, ein wenig Flitterzeug für die Pferde, die ihrer nächsten Wintersaison als Schlittenrösser nach einem Almsommer gelassen entgegensehen. Den Schmuck hat die Sennerin an den langen Sommerabenden selbst gebastelt, wohl wissend, dass er diesen einen Abtrieb kaum überstehen wird: er ist zu fragil für die ungestümen Kühe, die es kaum erwarten können, nach Hause zu kommen. Die riesige Glocke, die man der Leitkuh umbindet, ist gewissermaßen der Startschuss. Die Kühe werden losgelassen und stürmen in Windeseile wie eine wilde Horde ins Tal, gefolgt von ihren Treibern, die versuchen, sie am Weg zu halten. Der Abstieg erfolgt so rasant, dass die auswärtigen Zuseher ins Tal gefahren werden, um dort das Ende des Abtriebs in Ruhe zu erleben: Die Kühe laufen mit zerfranstem Schmuck auf einer großen Koppel aus. Erst nachdem sie sich beruhigt haben, kommen die Bauern und holen sie heim.

Die Tradition, Kühe in feierlicher Manier von der Alm abzutreiben, ist gut vierhundert Jahre alt. Wie in allen anderen Alpenregionen auch, findet dieses Fest mittlerweile auch zur Freude der Touristen inklusive Bummelzug statt: Wenn im September die Familie Josef Gamsjäger ihr Vieh von der Leutgeb Alm runter auf den Hof treibt, sind Zuseher ausdrücklich willkommen. Allerdings verweigert man sich in Gosau dem Zwang: Bei Regenwetter wird auf Schmuck verzichtet, ist gar im Laufe des Sommers im Haus des Bauern oder auf seiner Alm ein Unglück passiert, werden dessen Kühe maximal mit schwarzen Bändern geschmückt.

Bild oben:
Fertig zum Almabtrieb in Gosau
A cow ready to be brought down from the mountain pastures in Gosau

Die Schafe, die sich ein, zwei Wochen später auf der Iglmoosalm sammeln, sind überhaupt ganz schmucklos. Bis zu dreihundert Schafe verbringen in den Wäldern hier heroben völlig unbeaufsichtigt ihre Sommer, im Herbst werden sie zusammengetrieben. Die Gosauer berufen sich auf uralte Weiderechte, und nahezu jeder zweite Ortsansässige ist Besitzer zumindest eines Schafes. Um die einzelnen Tiere in dieser blökenden Masse auseinanderzuhalten, hat jedes Tier eine Marke am Ohr – die bei der so genannten Schafmusterung vom Rufer lautstark beschrieben wird, auf dass sich der Besitzer melde. Es liegt eine erwartungsvolle Spannung in der Luft, wenn zu Beginn der Musterung an die hundert Familien darauf warten, dass sie ihren Haus- und Hofgenossen endlich wieder in Empfang nehmen dürfen.

In der dunklen Zeit des Jahres werden die Feste schriller. Im Inneren Salzkammergut sind es vor allem zwei Bräuche, die sich bis in unsere Zeit gehalten haben: der Krampuslauf Anfang Dezember mit seinen wilden Gestalten und der Glöcklerlauf Anfang mit Jänner mit seinen Lichtergestalten.

Krampusläufe sind keine Besonderheit der Region, sie sind im ganzen Alpenraum verbreitet. Trotzdem ist es schon ein besonderes Schauspiel, das sich da am Marktplatz von Hallstatt bietet. Erwartungsvoll stehen die Zuseher im Stockdunkeln an die Hausmauern gedrückt und recken die Köpfe in alle Richtungen. Die Frage steht im Raum: Woher kommen sie wohl dieses Mal? Die Antwort wird eingeleitet von den dramatischen Klängen der Carmina Burana, die ersten Krampusse laufen vom See her am Marktplatz ein. Sie sehen zum Fürchten aus mit ihren geschwungenen Hörnern und bösen Masken, ihren langen Krallen und zotteligen Pelzen. Rotes Licht und wabernde Nebel verbreiten Höllenstimmung. Die Musik schwillt wieder an und noch mehr Krampusse kommen angerannt, nun von der Hangseite, begleitet vom lauten Klang ihrer schweren Glocken. Runde um Runde ziehen die Schauergestalten über den Marktplatz. Wer sich ihnen in den Weg stellt, bekommt einen festen Rutenschlag ab. Es dauert lange, bis zur grenzenlosen Erleichterung der Kinder endlich der Nikolo mit seinen Süßigkeiten auftaucht und die Krampusse über eine Leiter im ersten Stock eines Hauses verschwinden.

Vor den Glöcklern einen Monat später braucht niemand Angst zu haben: Das erste Fest im Jahr ist ein ganz harmonisches. Der Brauch der Glöckler ist in der Gegend um den Traunsee entstanden und wird heute in allen Winkeln des Salzkammerguts gepflogen: vom spektakulären Riesenfest in Ebensee bis zum beschaulichen Dorflauf in Obertraun. Die Glöckler sind weißgekleidete Männer mit riesigen Kopfaufsätzen, die von innen beleuchtet werden. Diese so genannten Kappen sind in vielen Arbeitsstunden von Hand gefertigt: Auf einem Holzgerüst aus dünnen Stäben wird dunkles Tonpapier aufgezogen, anschließend werden die Motive herausgeschnitten oder gestanzt und mit buntem Papier hinterklebt. An den Kanten werden meist weiße Papierfransen angebracht. Mit diesem Aufbau, der mannshoch sein kann, laufen die Glöckler dann durch die Straßen. Mit ihren hellen Lichtern und ihrem lauten Glockengebimmel treiben sie die bösen Wintergeister aus – auf dass das neue Jahr gut beginne.

Bild vorige Seite:
Der Krampuslauf in Hallstatt ist ein schaurig-stimmungsvolles Spektakel.
The "Krampuslauf" (Run of the Devils) in Hallstatt is a scary but impressive spectacle.

Bilder linke Seite:
Der Hallstätter Marktplatz ist Schauplatz des Krampuslaufes.
The "Krampuslauf" takes place in the Hallstatt market place.

Bild unten:
Glöcklerlauf in Obertraun Anfang Jänner
The "Glöcklerlauf" (Run with the Bells) takes place in Obertraun at the beginning of January.

Summary *Chapter 5:* Festivals: There is always an Occasion

At six o'clock in the morning of Corpus Christi Saturday the great festival commences with loud shots from the rifles of the "Prangerschützen". The feast to end all feasts in Hallstatt is the Lake Procession. Three gun salutes and their muffled echoes give a sense of occasion to this solemn day and the ceremony commences with high mass in the local Catholic Church two hours later. The people of Hallstatt flock to the Holy Mass dressed in appropriate traditional garb for the festivities.

After the service the procession gets under way, first to the market place where an alter has been erected at the Trinity Column. Children scatter flowers over the pathway and the church goers are accompanied by the quick-time music of the miners' band. The church feast of baroque opulence begins. Prayers are offered up and the benediction granted. The ladies choir is in full voice to the accompaniment of violin and contrabass. After this the first station the entire train of people and banners makes

its way to the lakeshore where festivities are transferred to the boats at the centre of which is the great Ship of the Sacrament, the "Mutzen", which is shaped like a floating chapel. Sturdy parishioners row priests and dignitaries, officials and ladies in golden bonnets, the full choir and their banners over the lake. The Ship of the Sacrament is accompanied by and circled by countless other craft again all according to tradition. The procession makes its way leisurely over the lake. The sight of the flotilla decorated with leaves in all shades of green, seems to eerily dance in the powder smoke of the salute guns and it has made Hallstatt's Corpus Christi Lake Procession famous far beyond the towns boundaries. The oarsmen in their splendid "Lederhosen", the golden rays of the sun reflecting on the water, the gloomy, precipitous flanks and walls of the imposing mountains in the distance make up an anachronistic and unforgettable image. The procession in fact dates back to 1623 and over the intervening centuries its course has hardly changed.

Another annual festival is that of Midsummer which may be celebrated either on the "Badeinsel" (small island) in Lake Hallstatt, or on the Krippenstein, or in Gosau on the Zwieselalm. At approximately half past nine in the evening, after darkness has fallen, flares suddenly start rising on the summits of the surrounding hills and mountains. First just a single flicker, then another, and there a third … The acoustics in the mountains are wonderful so one can hear the crackle of a woodpile taking fire even before the flames become visible. With every passing minute more and more fires are ignited, even on the remotest summits. The question arises: who goes to all the trouble? Anyone familiar with local custom would know that it is members of the mountain rescue services and groups such as the Friends of Nature who tend the bonfires.

The entire village of Bad Ischl reveres the birthday of a certain important historic personage two months later every year. Emperor Franz Josef celebrated his last of many birthdays in Bad Ischl on 18 August 1913. His great grandson, Markus Habsburg represents the late Emperor and presides over the ceremony today. In fact, it is customary in Bad Ischl to address him as your Imperial Highness or Archduke Markus to this day. The festivals acme consists of High Mass celebrated in the Church of

St Nikolaus followed by a parade of the assembled regiments, bandsmen, riflemen, and soldiers dressed in their respective historic uniforms of the imperial House of Habsburg, a ceremony that dates back to the time of Emperor Franz Josef.

In the late summer, the "Goiserer", as the people from Bad Goisern are known' all participate in the local festivities. They hail from the northern shore of the Lake Hallstatt and have a reputation for their love of tradition. The "Gamsjagatage" at the end of August is another opportunity for a festival steeped in folklore. The centre of interest is such eccentric events as the chamois trophy, which is in fact a military bicycle race. The intentions of the race have apparently been lost in the mists of time but it does not seem to be speed. There is also the European Bird Twittering Championship; contestants mount the podium of the marquee and attempt to impress the jury with imitations of the calls of the cross finch, chaffinch, and goldfinch. The Olympic Games

of Tuft of Chamois takes place every four years and is regarded as the climax of the festival. All festivities are accompanied by traditional music played by local musicians, and their invited guests from the Ausseer Land, and from as far afield as Bavaria.

The climax of the season of ancient festivities in Gosau takes place at the end summer when the cattle return from their alpine pastures. It is a thanksgiving by the peasants and the dairymaids for an excellent summer's grazing in the mountains. A huge cowbell hung around the neck of the leading animal signals the commencement of the wild proceedings. Decorated with colourful ribbons the unleashed cows stampede to their respective stalls, happy to be home from the hills. The sheep return a week or two later. They will have spent their summer living wild in the alpine forests after which they are driven by shepherds to the "Iglmoos" pasture and from there returned to their owners, identified only by their unique ear tattoos.

Later in the year, in what is known as the dark times, the festivities become even more unconstrained. In the Inner Salzkammergut there are two other customs that have survived into our time: the "Krampuslauf" (the Run of the Devils) which takes place in the beginning of December with its ferocious figures, and the "Glöcklerlauf" with its brighter characters in early January. "Krampuslauf" began in the region around Lake Traun but has since spread over the entire alpine area, either as a spectacular giant's feast such as in Ebensee or in a more tranquil village-run event such as in Obertraun. The "Glöckler" is more of a regional peculiarity. "Glöckler" are men dressed in white wearing huge headgear illuminated from the inside whose task is to cast out the evil winter ghosts so that the benevolent new year can commence.

RUNDHERUM

Jeden Tag etwas Neues entdecken

So groß das Loblied ist, das wir mit diesem Buch auf Hallstatt singen – das Städtchen ist auch Teil einer bedeutenden Viererrunde: Gemeinsam mit Obertraun, Bad Goisern und Gosau bildet es die Einheit Inneres Salzkammergut. Die wiederum ist das Herz der Welterberegion, an deren Eingang Bad Ischl liegt und die im Süden vom Dachstein abgeschlossen wird. Wir wollen Ihnen von den unterschiedlichen Dörfern und Menschen erzählen und auch ein bisschen davon, wie sich die Region zu Lande oder auf dem Wasser in allen Details ergründen lässt. Schließlich hat die Gegend wesentlich mehr zu bieten als bloße Kultur.

Obertraun ist ein unscheinbarer Ort, auf den ersten Blick noch unzugänglicher als Hallstatt. Die beiden liegen sich am Südufer genau gegenüber und haben ein enges Verhältnis, noch bis 1920 waren sie in einer Gemeinde zusammengefasst. Bis 1846 wurden gar die Toten von Obertraun mit dem Schiff über den See zum Hallstätter Friedhof gebracht. Dann gab es allerdings ein Unglück: Die Boote mit den Trauergästen kenterten bei der Rückfahrt von einem Begräbnis, und es gab gleich noch weitere Tote. Man entschloss sich, in Obertraun einen eigenen Friedhof anzulegen.

Bleiben wir bei den Lebenden. Aufgrund der geographischen Ausrichtung gelten die Hallstätter bei den Obertraunern als diejenigen, die ständig im Schatten sitzen. Umgekehrt nennen die Hallstätter den Ort liebevoll-spöttisch ihre „Huafpatschn-Kolonie“, wobei „Huafpatschn“ der hiesige Ausdruck für die Pestwurz ist, deren lila Blüten die Ufersäume Obertrauns zieren. Im Kern der Aussage liegt die historische Wahrheit: Obertraun entstand als eine von der Saline abhängige Siedlung der Holzfäller des Koppentals.

Obertraun hat keine große Geschichte geschrieben, keine nennenswerten Berühmtheiten angezogen, keine sensationellen Fundstücke ans Tageslicht gebracht. Auch mangelt es an Sehenswürdigkeiten. Dafür liegt das kleine Dorf an strategisch günstiger Position: Durchs Tal der Koppentraun gelangt man auf ebenem Weg hinüber ins Ausseer Land und seinen weiteren Zugängen in den Süden.

Die Koppentraun ist ein unverbauter Fluss, wie man ihn immer seltener findet. Entsprechend vehement haben Kajak-Fahrer dieses Revier verteidigt, das durch ein fix geplantes Kraftwerksprojekt bedroht war, das nun ad acta liegt. Die acht Kilometer lange Paddelstrecke weist Schwierigkeiten bis Wildwasser V auf, mit jahreszeitlichen Schwankungen: Vor allem im Frühjahr, wenn zur Zeit der Schneeschmelze die Koppentraun als Gebirgsbach anschwillt, wagen sich nur die Könner zum ultimativen Wuchtwasserritt ans Paddel. Ab Mitte Juni sinkt die Wasserführung, dann ist die Koppenschlucht auch dem Durchschnittspaddler zugänglich.

Es gibt indes einfachere Wege, sich das Salzkammergut übers Wasser zu erschließen. Namentlich in einem der vielen Strandbäder. Besonders schön ist jenes von Obertraun in einer kleinen Bucht am Fuße des Sarsteins. Die gepflegten Wiesen des Strandbades sind von Kastanien, Weiden und Ahornbäumen beschattet, rundherum duftet das frisch gemähte Heu. Trubel ist hier selten, wer es besonders ruhig mag, schwimmt zur kleinen Badeplattform, die ein paar Meter vor dem Strand im Hallstätter See fest verankert ist. Da liegt man dann mitten am Wasser und merkt erst, dass man eingedöst ist, wenn sich ein vorwitziger Schmetterling aufs Knie setzt.

Springt man von der Plattform ins Wasser, ist die Erfrischung so willkommen wie kräftig, selbst an den heißesten Tagen des Jahres wird der See nicht wärmer als 23 Grad, was angesichts der Nähe zum Dachstein und seinen Gletschern kaum verwundert. In der Tat speisen in erster Linie unterirdische Karstquellen aus dem Hirlatzmassiv des Dachsteins den See. Der bei Hallstatt einmündende Waldbach etwa hat selbst bei einer Hitzeperiode maximal sechs Grad. Als Kind, erzählt eine Hallstätterin, hätten sie an kühleren Frühsommertagen die Thermometer in die Sonne gelegt, um höhere Außentemperaturen vorzutäuschen. Damit wollten sie von den Eltern die Badeerlaubnis erschwindeln.

Ist man erst einmal eingetaucht, prickelt das Wasser so wunderbar, dass man am liebsten gar nicht mehr raus möchte. Man lässt also das Ufer hinter sich und schwimmt in Richtung Seemitte. Keine Motorboote stören, die Fähre zum Bahnhof fährt erst wieder in einer halben Stunde, und das Ausflugsschiff hat Pause bis um drei. Schwäne ziehen vorbei, ein paar Ruderboote dümpeln übers Wasser, die Leute lassen sich drinnen schaukeln und genießen ebenso die Stille.

In Summe gibt es am Hallstätter See rund siebzig bis achtzig Privatboote, etwa so viele wie Bootshäuser. Fremde Besucher klatschen oft entzückt in die

Bild links:
Hallstattpanorama inklusive Salzberg von Obertraun aus gesehen
The panorama of Hallstatt and the Salt Mountain viewed from Obertraun

Bild oben:
Saftige Äpfel
Juicy apples

Hände, wenn sie die traditionellen Boote sehen, weil sie mit ihrem aufgebogenen Bug venezianischen Gondeln allzu ähnlich sind. Singen wird ihnen der Bootsmann aber selten etwas. Die Form der Hallstätter Boote ist aus reiner Zweckmäßigkeit entstanden, sie wurden als Transportboote entwickelt: Durch den Bug konnte man ganz nah an die hohen Uferverbauungen fahren und die Güter bequem aus- und einladen. Die Boote, die, wie gesagt, in Hallstatt Fuhr genannt werden, heißen in anderen Gewässern Plätten. Sie liegen flach im Wasser, sind aus Fichten- und Lärchenholz gezimmert und heutzutage höchstens zehn Meter lang. Die Güter kommen schon längst auf der Straße nach Hallstatt, heute dienen die Boote dem Freizeitvergnügen, beispielsweise um an heißen Sommertagen dem Touristenansturm in der Stadt aufs Wasser zu entfliehen.

Angeblich sind die Fuhrn kinderleicht zu rudern, der Ungeübte tut sich jedoch reichlich schwer; das Boot beginnt sich, von untrainierter Hand gesteuert, auf der Stelle zu drehen. Kräuselt sich das Wasser im Wind, wird es auch für den Fachmann schwierig, bei etwas höherem Wellengang wird die Fuhr überhaupt schnell unlenkbar. Winde wehen über dem See aber nur äußerst selten, was das Fehlen von Segelbooten erklärt, die an anderen Seen zum Bild eines geglückten Sommertags gehören. Der ist hier aber auch ohne Segel ganz perfekt.

Im oberen Teil Richtung Bad Goisern ändert der See seinen Charakter: er wird flacher und seine Ufer weitläufiger. Hier hat die Gletschermoräne, die sein Becken ausgeschliffen hat, ihren Halt gefunden. Vergessen wir einmal das Auto und auch das Schiff, erreichen wir Bad Goisern zu Fuß entweder von Hallstatt aus über den Soleleitungswanderweg oder von Obertraun aus über den Ostuferwanderweg. Letzterer wäre unsere Wahl: Der besonders malerische Weg verläuft nahezu die ganze Zeit direkt am Ufer, rechterhand die steile Flanke des Sarstein, linkerhand der unvergessliche Blick übers Wasser nach Hallstatt. Bevor man das eigentliche Ziel erreicht, kann man im Strandbad bei Untersee

Bild vorige Seite:
Badefreuden auf der Hallstätter Badeinsel
Enjoying the bathing at the island in Lake Hallstatt

Bild oben:
Die Hallstätter Wasserrettung
The Lake Hallstatt lifeguards

ein weiteres Bad nehmen, dieses Mal mit unverstellter Sicht aufs Südufer und den Dachstein.

Bad Goisern ist seltsam zentrumslos. Es fällt schwer, einen Hauptplatz zu finden. Da das moderne Gemeindeamt mit einem viel zu groß dimensionierten Kreisverkehr davor, dort die Tourismusinfo, wo sich die schmucksten Häuser des Ortes schief und krumm aneinanderdrücken. Ein Kurpark, von dem nicht mehr übrig ist als eine Minigolfbahn, wie überhaupt der Kurbetrieb, auf den sich das Bad vor dem Namen Goisern bezieht, längst eingeschlafen ist.

Zwischen dem Ortskern und dem Fluss Traun stehen erstaunlich prächtige Villen mit kunstvoll geschnitzten Veranden und bunt gescheckten Bauerngärten. Sie sind Überbleibsel jener Zeit, als sich der Ruhm Bad Ischls auch in die hinteren Winkel des Salzkammerguts ausbreitete. Die Reichen und Begüterten waren auf der Suche nach den Schönheiten und Besonderheiten der Gegend ausgeströmt und dort, wo es ihnen gefiel, ließen sie sich einen Sommersitz errichten. So auch hier. In einer glücklichen Fügung des Schicksals stieß man zudem in Goisern bei einer Probebohrung nach Salz auf jod- und bromhaltige Schwefelquellen, die man zunächst in den Krössenbach ableitete, bald aber schon in einem Kurhaus zu gutem Geld machte.

Aber das war alles erst viel später. Erstmals taucht Goisern als Gebisharn im 13. Jahrhundert in den Urkunden auf. Auch Goisern stand natürlich in direkter Abhängigkeit zum Salzbergwerk in Hallstatt. Holz aus den umliegenden Wäldern wurde von den Goiserer Holzknechten mühsam auf den steilen Hängen geschlägert und dann mit Schlitten, Pferdefuhrwerken oder auf dem Wasserweg aus den engen Tälern herangeschafft. Zu diesem Zweck hatte man Klausen errichtet. Hier staute man das Wasser, davor sammelte man das Holz.

Bild linke Seite:
Vom Nordufer hat man ganz im Hintergrund den Dachstein im Visier.
The Dachstein in the distance, seen from the north shore of the lake.

Bild oben:
Kontemplative Sonntagsausfahrt im traditionellen Holzboot
Contemplating in a traditional wooden boat on a Sunday outing

Bild oben:
Demonstration der Holzknechtearbeit anlässlich der Gamsjagatage
A tree cutting demonstration as part of the "Gamsjagatage"

Bild unten:
Idyllisches Holzhaus in Untersee am See
An idyllic wooden house at Lake Untersee

Bild rechte Seite:
Mit einer Lederhose ist Mann immer gut angezogen.
A gentleman is always well dressed when in "Lederhose".

Dann wurden die Klausen geöffnet – im Fachjargon: geschlagen – und das Holz mit dem Wasserschwall ins Tal und zur Traun getriftet. Eine Ahnung von diesem Spektakel erhält man in der sieben Meter hoch aufgemauerten Chorinskyklause im nahen Weißenbachtal, die im Sommer zu Schauzwecken gelegentlich noch in Betrieb genommen wird.

Das Holz kam aus entlegenen Tälern; im Tal der Traun, wo die Topographie etwas sanfter ist, wurden Felder bestellt und Obstgärten gepflegt. So entstanden viele kleine Siedlungen, die heute ins Gemeindegebiet Bad Goisern

Bilder oben:
Holz war und ist der wichtigste Werkstoff der Region.
Wood is and always has been the most important basic material of the region.

Bild rechte Seite:
Der freundliche Herr trägt ein stattliches Gegengewicht zum Gamsbart an seinem Hut.
A handsome counter balance to the tuft of chamois worn on the hat of this friendly gentleman.

eingegliedert sind. Es sind rund dreißig kleine Orte – St. Agatha, Untersee, Ramsau, Goisern, um nur ein paar zu nennen –, von denen jeder seinen Charakter zu bewahren weiß. Das erklärt, warum sich in Bad Goisern nirgendwo ein Zentrum zwangsläufig aufdrängt.

Die vielen Handwerker und Gewerbetreibenden in Goisern – Schmiede, Schlosser, Zimmerleute, Schuster, Gerber, Weber, Schneider – fertigten den Großteil ihrer Waren für die Hallstätter, wie auch die Metzger, Müller, Bäcker oder Bierbrauer. Das wunderbare Häuserensemble in der Kirchengasse bei der Tourismusinfo geht in seinen Ursprüngen auf das 16. Jahrhundert zurück, als Handwerk und Handel im Zuge des florierenden Salzbergbaus besonders prosperierten.

Saftige Honiglebkuchen, schön beschlagene Jagdgewehre, reich bestickte Dirndlschürzen, glattpolierte Violinen … vom Grundtenor ist das Angebot in den Auslagen der kleinen Stadt eher vorgestrig. Diese Traditionsverbundenheit, die echt ist und nichts Folkloristisches an sich hat, ist das Markenzeichen der Goiserer. Gut, auswärtige Gäste dürfen gerne mitmachen, wenn am Abend zu Akkordeon- und Tubaklängen gepascht, sprich im Takt geklatscht wird. Aber nur kurz und nur der neuen Zeiten willen. Ansonsten nehmen es die Goiserer mit ihren alten Bräuchen vielleicht noch eine Spur ernster, als man das im Rest des Salzkammerguts ohnehin schon tut.

Da gibt es einen Goldhauben- und Kopftuchfrauenverein, sechs Musikkapellen, elf Schützenvereine – darunter neun Armbrustschützenvereine – und gleich über zwanzig Volksmusikgruppen. Jeder Verein pflegt seine eigene Tracht, seine eigenen Besonderheiten, seine eigenen Gepflogenheiten, zum Teil stehen sie miteinander im Wettstreit. Noch vor dem Schießen, das heute

weniger das Wild als vielmehr die Scheibe im Visier hat, ist die Musik wichtig. Sie ist immer dabei: bei Hochzeiten und Geburtstagsfeiern, bei Kirtagen und Almfesten oder ganz spontan zur Unterhaltung im Wirthaus. „Die Goiserer Musik ist einerseits schroff und lebendig, andererseits weich, impressiv, bedächtig. Hackbrett und Zug, also steirische Harmonika, Zither und Saugeige, also eine Blechtonne mit Besenstiel, sind ein paar typische Instrumente", sagt Peter Brugger, Direktor der hiesigen Musikschule. In seiner Schule hat man sich der Hochmusik verschrieben, trotzdem weiß Brugger über die Volksmusik Bescheid: „Bei uns wird viel improvisiert und unsere Musik ist sehr eigenständig." Es ist kein Zufall, dass der Weltmusiker Hubert von Goisern ausgerechnet von hier stammt. Wussten Sie im Übrigen, dass auch die Wurzeln mütterlicherseits von Wolfgang Amadeus Mozart ins Salzkammergut reicht?

Nicht jeder Goiserer tobt sich ausschließlich beim Paschen oder Fideln aus. Berge und Wälder üben auf viele der Nachkommen der Holzfäller eine magische Anziehungskraft aus. Da gibt es etwa einen Heli Putz, der neue Maßstäbe im österreichischen Bergtourismus gesetzt hat: der erfahrene Bergsteiger war einer der Pioniere des heimischen Canyoning-Tourismus. Für Uneingeweihte: Canyoning ist jene wilde Art des Bergsports, bei der man Flussbette abwärts begeht und dabei, je nach Schwierigkeitsgrad, mehr oder weniger tiefe Kluften, hohe Wasserfälle und reißende Fluten überwindet. An die dreißig Routen haben Putz und das Team seiner Firma Outdoor Leadership im Einzugsbereich eingerichtet.

Bild links:
Der Gosaugletscher des Dachsteins spiegelt sich im Vorderen Gosausee.
The Gosau Glacier of the Dachstein reflected in the Vorderen Gosau Lake.

Bild oben:
Mountainbike-Routen gibt es im Salzkammergut in allen Schwierigkeitsstufen.
Mountain bike routes vary in degrees of difficulty in the Salzkammergut.

Bild vorige Seite:
Wenn die Musiker zum Takt in die Hände schlagen, heißt das paschen – von Klatschen sollte man besser nicht sprechen.
When the musicians tap their hands to the rhythm it is called "Paschen", not clapping.

Bild rechts oben:
Die beiden Kirchen in Gosau
The two churches of Gosau

Bild rechts unten:
Bauernhöfe in Gosau, im Hintergrund der zackige Gosaukamm
Farms in Gosau with the jagged Gosau crest in background

Wer nasse Füße weniger mag, schwingt sich alternativ aufs Rad. Gemütlich bleibt es dabei nur, wenn man sich am Wasser hält, den See umrundet oder die Traun entlangfährt. Ansonsten wird es recht schnell recht steil. Je steiler, desto besser: Das ganze Innere Salzkammergut hat sich in den letzten Jahren zu einem Eldorado für Mountainbiker entwickelt. Man radelt hoch zu Almhütten mit sagenhaften Ausblicken auf Berge, Seen und Dörfer und erschließt sich dabei das ganze Salzkammergut bis ins Ausseer Land, bis zum Traun-, Atter-, Wolfgang- und Mondsee. Der absolute Höhepunkt zu diesem Thema ist die alljährliche Mountainbike-Trophy in Bad Goisern. Zweihundert Kilometer über enge, glitschige, steinige Waldwege steil bergauf oder – noch schlimmer – ebenso steil bergab, verlangen den Fahrern und Fahrerinnen in rund zehn Stunden alles ab.

Schöner ist es freilich, man lässt sich Zeit, zumindest wollen wir das aus semisportlicher Sicht behaupten. Steigen wir also vom Rad und gehen wir erneut zu Fuß: hinüber nach Gosau, zum vierten Ort der Runde. Von Bad Goisern kommend kann man den Weg über den Hohen Kalmberg nehmen. Oben angekommen stellt man fest, dass es auf dieser Welt noch Dinge gibt, die man nicht kaufen kann (schon gar nicht, seitdem es keine Sesselträger mehr gibt). Den Blick vom Hohen Kalmberg etwa: Zum Greifen nah funkelt der Gletscher des Dachsteins, rechterhand schließt sich der Gosaukamm nahtlos an, der sich, einer vielgezackten Krone gleich, vom strahlend blauen Himmel abhebt. Rund hundert Kilometer dahinter sind im Dunst gerade noch vereinzelte Spitzen der Hohen Tauern auszumachen. Zu den Füßen tun sich wahre Abgründe auf, tief drunten das idyllische Gosautal. Die Aussicht raubt den letzten Rest des Atems, der beim steilen Aufstieg schon recht dürftig geworden ist.

Nach einer kurzen Rast bei der Goiserer Hütte, die man sich mit einer Malakofftorte versüßt, folgt der lange Abstieg über die Iglmoosalm nach Gosau. Gosaus Geschichte ist ebenso eng mit Hallstatt verbunden, wie die von Goisern oder Obertraun, auch wenn die Beziehung schwierig begann: Der Salzkrieg, der das Salzkammergut als Einheit im Kaiserbesitz schließlich erst entstehen lassen sollte, fand seinen Ausgang im erzbischöflichen Besitz Gosau. Ursprünglich wurde hier ebenfalls Salz abgebaut, nach dem Salzkrieg war damit aber Schluss und fortan war es das Schicksal der Gosauer, den Hallstättern ihr Holz abzuliefern. Der Holzhunger der Salinen war gewaltig, Rodungen, um mehr Land urbar zu machen, wurden nicht genehmigt, und schon bald hielt man die Gosauer dazu an, Holz zu sparen und die Erdgeschosse ihrer Häuser ab sofort aus Stein zu errichten.

Das Verhältnis zur Obrigkeit war, kurz gesagt, nicht das Beste. Die Lehren Luthers, die durch wandernde Bergknappen aus dem süddeutschen Raum ins abgeschiedene Salzkammergut kamen, fielen auf fruchtbaren Boden. Die einfachen Bauern und Holzknechte waren ebenso rasch vom neuen Glauben überzeugt, wie die Knappen und Arbeiter im Bergwerk selbst. Die katholische Habsburgerherrschaft schaute jedoch nicht lange untätig zu, wie praktisch die ganze Gegend konvertierte, und leitete mit einem Verbot des Protestantismus Ende des 16. Jahrhunderts die Gegenreformation ein.

Bild oben:
Winterstimmung am
Hallstätter See
A winter scene at Lake Hallstatt

Bild rechts:
Altes Bauernhaus in Gosau
An old farmhouse in Gosau

Im Zuge der versuchten Re-Katholisierung des Landes kam es zu Aufständen und Vergeltungsmaßnahmen, zu Widerstand, Gefangennahme und Folterungen. Es war eine grausame Zeit. 1731 schlossen sich etliche Gosauer dem Auswanderzug von 30.000 salzburgischen Evangelischen an und zogen in deutsche evangelisch regierte Fürstentümer. 1734 wurden dreihundert Protestanten, Frauen und Kinder nicht mitgerechnet, in einer Nacht- und Nebelaktion aus Hallstatt, Ischl und Goisern mit Salzzillen nach Siebenbürgen abtransportiert. Wer blieb, traf sich an geheimen Orten zum protestantischen Gottesdienst wie etwa in der Kalmooskirche, einer Höhle am Kalmberg.

Erst mit dem Erlass des Toleranzpatents 1781 durch Joseph II. kehrte in religiösen Dingen Ruhe im Land ein. Gosau war die erste Gemeinde in Österreich, die sich nach dem Toleranzpatent zum evangelischen Glauben bekannte, noch heute sind rund 80 Prozent der Einheimischen Protestanten. Der Katholizismus war natürlich nach wie vor protegiert, und aus dieser bewegten Geschichte erklärt sich, warum hier jeder Ort, und sei er noch so klein, zwei Kirchen hat. In friedlichen Zeiten wie diesen ist das freilich ein adretter Anblick, wenn sich zwischen den behäbigen Bauernhäusern am Rande kräuterdurchtränkter Wiesen gleich zwei schlanke Kirchtürme erheben.

Rein geographisch öffnet sich Gosau eher nach Salzburg, die Verbundenheit zum Inneren Salzkammergut ist dennoch stärker. Sie kommt etwa beim Paschen zum Ausdruck, das hier ebenso gepflegt wird. Uneingeweihten Ohren klingt es da wie dort gleich, nur die Einheimischen erkennen die feinen Unterschiede. Die Abfolge von Singen und Paschen sei verändert und auch die Lücken dazwischen würden in Gosau anders angelegt als beispielsweise in Bad Goisern oder im Ausseerland, erklärt der alteingesessene Gosauer Peter Gamsjäger, der mit den Bräuchen bestens vertraut ist. Nur Frauen hätte man nirgendwo gerne beim Paschen, weil sie allzu oft danebenpaschen. Dass sie beim Armbrustschießen ebenfalls nur ungern gesehen sind, orten manche Damen hingegen in der viel akkurateren Treffsicherheit des weiblichen Geschlechts.

Einig ist man sich zwischen Bad Aussee, Hallstatt, Bad Goisern und Ischl auch darüber, dass man erst als angezogen gilt, wenn man Tracht trägt. Das Dirndl für die Dame, die Lederhose für den Herrn und dazu der Hut mit Gamsbart. Spezifische Gosauer Trachten gäbe es nicht, erklärt Gamsjäger. Es ist also egal, was genau man trägt, Hauptsache Tracht? Das muss er dann doch vehement verneinen, alleine am unterschiedlichen Muster der Stutzen könne man deren Träger genau lokalisieren, aber das kenne ja doch nur der Insider. Damit bringt er das Verhältnis der einzelnen Orte und ihre Beziehungen ins Ausland, das hinter Ischl beginnt, auf den Punkt: differenziert untereinander, aber in bester Eintracht gegenüber dem Rest der Welt.

Summary *Chapter 6:* Round and Round: Discovering Something New Every Day

The great song of praise we sing about Hallstatt may seem about Hallstatt alone but this little town exists not in isolation; it is part of a significant quartet which includes Obertraun, Bad Goisern, and Gosau all of which shape the whole of the Inner Salzkammergut. Together they form the core of the World Heritage Site with Bad Ischl as its entrance and contained in the south by the Dachstein Mountain.

Obertraun is virtually inconspicuous; at first sight it may seem as inaccessible as Hallstatt. Both are situated on the lake and face each other on the south shore. They have always enjoyed a close relationship; until 1920 they in fact formed a single municipality. However, Obertraun has not left any notable traces of history, nor has it attracted any celebrities of distinction, and nor has it produced anything in the way of sensational archaeological discoveries. Moreover, it lacks a single sight of any interest. But this little village does boast being situated in a very strategically favourable position because the only route to the Aussee Land and its easy access to the south is via the valley of the Koppentraun River.

The Koppentraun is a free-flowing river much appreciated by canoeists and kayakers. However, there are easier routes by which one may explore the waters of the Salkammergut. There are numerous bathing beaches in the vicinity especially in Obertraun. The water is both refreshing and invigorating; even on the hottest days the temperature of the lake rarely exceeds 23° C, which is understandable due to the close proximity of the Dachstein Mountain and its majestic glacier. The subterranean springs from the Dachstein "Hirlatz" massif also feed into the lake. The nearby forest stream that flows past Hallstatt records a maximum temperature of 6° C in only the hottest spells.

The lake's character is very different higher up, towards Bad Goisern. Here it is wider and shallower because, having ground out the lakes basin millions of years ago, it was at this point that the glacier finally halted and its moraine deposited. Bad Goisern, promoted from once being merely Goisern, is initially recorded as "Gebisharn" in the earliest documents dating back to the 13th century. Needless to say, Goisern was also once entirely dependent on the main industry of Hallstatt. Its main contribution to the salt industry was the timber from the surrounding forests, which was laboriously felled on the steepest of slopes by the men of Goisern who then toiled to remove the logs from the confines of the narrow valleys by horse-drawn sleighs or by water. The majority of the artisans and tradesmen in the village – black smiths, locksmiths, carpenters, cobblers, tanners, weavers, and tailors – were largely dependent on Hallstatt for their businesses, as were the butchers, millers, bakers, and brewers. The beautiful old residences in the "Kirchengasse", near the present tourist information bureau, date back to the 16th century, a time when the crafts and trades allied to the salt mining industry particularly flourished.

Juicy honey gingerbread, beautifully appointed hunting rifles, richly embroidered "Dirndl-aprons", highly polished violins – are all proudly displayed in a delightfully old-fashioned style in the shop windows of this little town. But the "Goiserer" is extremely conscious of the importance of tradition as well as genuine quality, and therefore does not rely on the artificial recreation of folklore long forgotten. Another peculiarity of Goisern is its music. It is very much a feature of life – at weddings and birthday parties, at church festivals and pastoral festivities, or as informal entertainment in the public houses. On one hand the music is brisk and vivid but on the other it is soft, impres-

sive, and even contemplative. The instuments are typically the dulcimer and "Zug" (the Styrian accordion), "Zitter" and the "Sau-Fiddle", a metal barrel and broomstick with a taught string. The musicians often improvise and the music is very singular. The world famous musician Hubert von Goisern, not surprisingly, originates from these parts. Perhaps more surprising and less known is the fact that the roots on the maternal side of Wolfgang Amadeus Mozart reach into the Salzkammergut.

The fourth town making up the famous quartet is Gosau. Its long history is no less inextricably linked to Hallstatt than is that of Goisern. This inevitably means that its inhabitants were also responsible for the sourcing and delivery of wood to the captains of the salt industry in Hallstatt. However, the relationship between the respective religious powers was at best uneasy. Luther's Protestant doctrines that travelled with the itinerant miners from the south German area fell on fertile ground in the isolated Salzkammergut. The peasantry and wood workers soon became as ardent believers in the new doctrine as were the miners and labourers and before long virtually the entire region had converted. The Roman Catholic Habsburg House did not remain tolerant for very long and eventually initiated the Counter-Reformation with a ban on Protestantism at the end of the 16th century.

During the attempted re-Catholicisation of the region there arose riots and retaliatory measures, resistance, imprisonment, and torture. It was a cruel time, so much so that in 1731 numerous Gosauers joined the emigration train of some 30 000 Protestants from the greater Salzburg region to the German principalities that were under Protestant rule. And in 1734, in a single night, a further 300 male Protestants together with their womenfolk and children mysteriously departed in salt wagons from Hallstatt, Ischl, and Goisern to find sanctuary in Siebenbürgen, in what is Rumania today. Those who remained behind met for clandestine Protestant worship in secret places, such as in the Kalmoos church, a cave in the Kalmberg Mountain.

It took the ordinance of the Decree of Tolerance by Emperor Josef II in 1781 to finally bring tranquillity in religious matters back to the region. Gosau was the first municipality in the whole of Austria to formally confess to Protestantism following the Decree of Tolerance and to this day some 80% of the natives of the town are Protestant. All the while Catholicism was patronised and the reason for every village, large or small, having the two churches arises from this turbulent period in history. The peaceful scene of the two church steeples over the sedate villages, farmsteads, and cottages belies the bitter religious enmity of the past.

DACHSTEIN
Ein Berg als Bühnenbild

Bild oben:
Das Dachsteinplateau ist ein vortreffliches Wandergebiet.
The plateau of the Dachstein is an attractive hiking area.

Bild rechts:
Die beeindruckenden Gletscher am Dachstein sind die letzten Reste der jüngsten Eiszeit.
The impressive glacier of the Dachstein is all that remains of the last ice age.

Der Dachstein ist nicht irgendein Berg, er ist ein König unter den Bergen. Das, was viele Bergsteiger und Bergbewunderer, Berganrainer und Bergtouristen für sich denken, hat der steirische Heimatdichter Peter Rosegger in Worte gefasst: Der Dachstein ist eine Bergpersönlichkeit. Dass man ihn im Zuge von Neuvermessungen vom stolzen Dreitausender zum knapp 2.995 Meter hohen Berg degradierte, hat seiner Erhabenheit keinen Abbruch getan. In der Tat kann man sich seiner Faszination nur schwer entziehen – schroff, abweisend, zackig von der Südseite aus, wuchtig, imposant, gletschergleißend von der Nordseite aus gesehen.

Der Dachstein ist das Erste, was man von der Gegend sieht, wenn man auf der gängigen Route vom Norden her ins Salzkammergut reist. Schon auf der Autobahn kann man seine Schneefelder ausmachen, die sich im Dunst der Ferne zart vom hellen Felsen abheben. Zweigt man ab, um den Schildern zum Weltkulturerbe Inneres Salzkammergut zu folgen, verschwindet er für einige Zeit aus dem Hintergrund, nur um dann umso pompöser wieder aufzutauchen: Erreicht man den Hallstätter See am Nordzipfel, erhebt sich der Dachstein genau gegenüber in majestätischen Steilwänden, gekrönt vom ewigen Eis. Gemeinsam mit dem Plassen und dem Sarstein an seinen Seiten umschließt er den gesamten Südteil des Sees, es hat den Eindruck, die Berge verhindern das Auslaufen des Wassers.

Direkt in Hallstatt verstellt seine eigene Steilwand die Aussicht auf den Gipfel. Für die Hallstätter an seinem Fuß ist er der Berg, der die ersten Touristen brachte, umgekehrt ist Hallstatt für Bergsteiger jener legendäre Ort, von

Bilderleiste:
Schafe verbringen ihre Sommer am Dachstein.
Sheep spend summer on the Dachstein.

Schmetterling
Butterfly

Ammoniteninstallation
Artistic restoration of an ammonite

Megalodontenabdruck im Fels
Fossilised trail of a Megalodont

dem aus der Dachstein erschlossen wurde. So wie praktisch jeder Hallstätter zu seinen Vorfahren Bergleute zählt, darf in der Ahnentafel auch ein tüchtiger Bergführer, ein tapferer Bergretter oder zumindest ein geschickter Bergsteiger nicht fehlen.

Der markante Dachstein bildet für die drei Bundesländer Steiermark, Salzburg und Oberösterreich eine schwer überwindliche Grenze und verbindet sie entlang seiner Flanken auf schmalen Pfaden doch wieder. Da gibt es etwa den Bibelsteig von Gosau hinüber in die steirische Ramsau. Auf ihm wurden in Zeiten der Gegenreformation die Bibeln, die Gosauer Händler aus dem süddeutschen Raum bezogen, hinübergeschmuggelt. Deren Besitz war nämlich von den Katholiken streng verboten worden, weil sie als Grundlage der evangelischen Lehre dienten, zu der in dieser Region praktisch die gesamte Bevölkerung übergetreten war. Ein ganz profaner Schmuggel fand auf der anderen Seite des Berges statt, wo unter dem Blick der zufrieden auf ihren Almen mampfenden Kühe Salz aus Hallstatt heimlich in den Süden gebracht wurde. Im Gegenzug wurden die Bergleute mit selbstgebranntem Vogelbeerschnaps aus der Ramsau versorgt.

An dieser Ostflanke erstreckt sich hoch droben die Hochfläche am Stein, von den Einheimischen „am Stoa" genannt. Sie ist mit ihren Zirben- und Lärchenwäldern, ihren Buckeln, Mulden, Karen und Latschenfeldern kaum zu überschauen, besonders bei schlechtem Wetter kann sich der Wanderer auf ihr rasch verirren. Von den einst an die hundert Almen sind nur mehr wenige besennt, eine davon höchst prominent: Der Literat Bodo Hell hütet seit 25 Jahren auf der Grafenbergalm die Kühe. An den restlichen Grasflächen tun sich heutzutage vorwiegend die Schafe der Ramsauer Bauern gütlich.

Schon in prähistorischen Zeiten trieben die Talbewohner ihr Vieh im Sommer auf die hochalpinen Weiden ins Dachsteingebiet. Bis sich die Menschen aber auf die Gipfel wagten, musste erst das 19. Jahrhundert anbrechen. Gestandene Bergsteiger hielten den Dachstein lange für unbezwingbar; der vielleicht prominenteste Zweifler war Franz Joachim Ritter von Kleyle, der alpine Begleiter des wanderfreudigen Erzherzog Johanns. Kleyle war noch 1810 davon überzeugt – Montblanc und Großglockner waren längst erobert –, dass der Gipfelsturm am Dachstein „wahrscheinlich immer missglücken werde, weil selbst da, wo die Form des Gebirges kein Hindernis in den Weg legt, die Eilklüfte das Aufsteigen zu gefährlich machen".

Dass seine Skepsis durchaus angebracht war, zeigt sich am Beispiel einer der Schlüsselstellen beim Aufstieg: an der Nordostflanke, dort wo zwischen Hallstätter Gletscher und steilem Fels eine gefährliche Spalte klafft. Für diese meist ungangbare Passage verwendete man in den Anfängen der Dachsteinereroberung zum Übersetzen eine Leiter, die in der Dachsteinwarte aufbewahrt wurde; erst viel später wurde eine Umgehung mit Eisenzapfen und Schiffstauen in die Dachsteinschulter gehauen.

Der bergerfahrene Erzherzog ließ sich von seinem Berater jedenfalls nicht ins Bockshorn jagen, er veranlasste Vorbereitungen für die Erstbesteigung des Gipfels. Die Lorbeeren heimste jedoch ein anderer ein: 1832 stand der Filzmooser Bauer und Bergführer Peter Gappmayr als Erster am Gipfel.

Der Erzherzog kam also nicht zur Erstbesteigungsehre, ebenso wenig wie der Grandseigneur des Dachsteins, Friedrich Simony. Letzterem blieb der Ruhm, den Dachstein das erste Mal im Winter bestiegen sowie im folgenden Sommer das erste Mal eine Nacht auf seinem Gipfel verbracht zu haben. Simony war aber ohnehin weniger Bergsteiger als vielmehr unermüdlicher

VISIO

Bild vorige Seite:
Die spektakulären „5fingers" am Krippenstein eröffnen wahrlich atemberaubende Blicke.
The spectacular Five Fingers at the Krippenstein offering truly breathtaking views.

Bilder oben:
Der Höhlenbach in der Koppenbrüllerhöhle
The stream in the cave in the Koppenbrüller cave

Stalaktiten und Stalakmiten in der Koppenbrüllerhöhle
Stalactites and stalagmites in the Koppenbrüller Cave

Bild rechts:
Moderne Installation mit dem Domfenster in der Rieseneishöhle
Cathedral window in the Giant Ice Cave

Erforscher des Berges, der Dachsteinpionier schlechthin. So trägt auch die älteste und bekannteste Dachsteinhütte den Namen des Mannes, der 1840 im Alter von 27 Jahren erstmals nach Hallstatt kam und dann quasi hängen blieb. Er machte Hallstatt zu seiner Basis, von wo er aufbrach, Wege und Routen zu suchen, zu dokumentieren und auszubauen.

Im Tal erforschte er den Hallstätter See und alsbald begann er sich auch für die Dachsteinhöhlen zu interessieren. Sein 1895 in der Edition Hölzl erschienenes Buch „Das Dachsteingebiet, ein geographisches Charakterbild aus den österreichischen Nordalpen" wurde zur Grundlage für geologische Forschungen am und um den Berg. Simony war es auch, der Adalbert Stifter auf den Dachstein aufmerksam machte und damit den Anlass zur Erzählung Bergkristall gab, die die Berglandschaft hoch über Hallstatt literarisch verewigt.

Ebenfalls zu Berühmtheit gelangten die Südwand-Erstbesteiger, die Ramsauer Brüder Franz und Georg Steiner. In vier Stunden durchstiegen sie die achthundert Meter hohe Wand, ihre Route zählt heute zu den Kletterklassikern. Darüber hinaus brachte es Georg, oder kurz Irg, durch seinen unsteten Lebenswandel zu weiterer Bekanntheit. Um es mit den Worten des oberösterreichischen Chronisten Professor Rudolf Lehr zu sagen: „Er war stets auf der Jagd nach Gipfeln, Gämsen und Schürzen."

Der Dachstein ist kein alltäglicher Berg. Er ist aus dem gleichen tropischen Meer entstanden, das auch die Salzadern in Hallstatt gut gefüllt hat. Damals, also vor rund 240 Millionen Jahren, gab es keine Alpen, zwischen dem europäischen und dem afrikanischen Kontinent lag ein breiter Ozean, die Tethys. An ihren Rändern sowie um Inseln innerhalb dieses Meeres bildeten sich riesige Korallenriffe, so wie wir sie heute beispielsweise im Indischen Ozean finden. Am Riff brachen sich die Wellen, das Wasser innerhalb der geschützten Lagune blieb ruhig wie in einer Badewanne. Wir kennen das vom Strandurlaub auf den Malediven oder den Seychellen. Kalksedimente im Wasser der Lagune sanken zu Boden und lagerten sich in Schichten ab, die

niemals durcheinander gewirbelt wurden. Als dann im Laufe der Jahrmillionen die Kontinentalplatten auseinanderdrifteten und im Anschluss wieder zusammenstießen, kam es zur Hochfaltung der Alpen. Dabei wurde auch der Meeresgrund hochgepresst und übereinander geschoben, was dem Dachstein in weiten Teilen sein charakteristisches schichtförmiges Aussehen gab. Der Geologe spricht vom gebankten Dachsteinkalk. In den Schichten findet man die Fossilien einer Muschelart, die damals sehr häufig vorkam: Megalodonten, die wegen ihrer Form auch als Kuhtrittmuscheln bezeichnet werden.

Das Riff selbst, das Bollwerk gegen die Brandung, wurde ebenfalls nach oben gedrückt, allerdings zu massigen Steinblöcken, die keinerlei Schichtung aufweisen. Sehr schön sind dafür darin Reste von Korallenstöcken zu sehen. Vor allem die oberen Bereiche der mächtigen Dachstein-Südwand sowie der vielgezackte Gosaukamm sind Relikte des Riffs.

Nachdem der Berg im Großen und Ganzen aufgeworfen war, begannen die Kräfte von oben zu wirken und ihn so zu formen, wie er sich uns heute in seiner Schönheit präsentiert. Am nachhaltigsten waren dabei die Gletscher am Werk, die in mehreren Eiszeiten so lange am Dachstein herumschliffen, bis sich zu seinen Füßen ganze Täler und Becken bildeten. Die letzte Vereisung, der man den Namen Würm gegeben hat, hatte ihren Höhepunkt vor rund 20.000 Jahren, damals waren praktisch die gesamten Alpen unter einer dicken Eisdecke begraben. Zuvor bereits ausgeformte Täler waren von den Eismassen komplett wieder zugeschüttet, nur die allerhöchsten Gipfel ragten noch hervor. Als sich dann die Erde in rasantem Tempo – innerhalb von ein paar tausend Jahren – wieder erwärmte, schmolzen die Gletscher ebenso rasch dahin und hinterließen eine prägnant und wuchtig ausgeschliffene Landschaft, die heute mit Wasser gefüllt, mit Nadelwäldern bewachsen, mit Gärten gepflegt und mit kleinen Orten im Schatten hoher Wände besiedelt ist. Mit einem Wort: das Salzkammergut.

Rieseneishöhle: Die Installationen der Natur ins rechte Licht gerückt
The Giant Ice Cave: Nature's creations are incomparable especially in the right light

Werke der Schüler der Kunstuni in Linz
The handiwork of the students of the University of Art in Linz

Bis heute haben sich die Gletscher am Dachstein nicht ganz zurückgezogen. Markant sind vor allem die beiden großen Eisflächen, die nur durch den schmalen Gjaidsattel voneinander getrennt sind: Schladminger und Hallstätter Gletscher. Ersterer beherbergt das Sommerskigebiet, die Auffahrt erfolgt über die steirische Ramsau mit der spektakulären Südwand-Seilbahn, die nahezu senkrecht die Wand hochfährt. Letzterer ist der größte Gletscher am Dachstein, es ist sein Eis, das man in weiter Ferne strahlen sieht. Wie lange noch, bleibt abzuwarten, denn auch die Eisflächen am Dachstein gehen, wie alle anderen Gletscher der Alpen, massiv zurück.

Die Plattentektonik, durch die der Berg aufgeworfen wurde, sowie die Gletscher, die ihm gleich wieder einiges abgeräumt haben, haben praktisch den Landschaftsrohling geformt, der dann vom Wetter detailreich fassoniert wurde. Vor allem das Wasser hat in stetiger Arbeit dem Berg seine charakteristischen Karstformen geschaffen, die sich als Rinnen und Rillen wie ein schmutzigweißer Zuckerbäckerguss über weite Teile des Hochplateaus ziehen.

Viel imposanter hat das Wasser den Berg aber im Inneren gestaltet, ihn von unten nach oben mit einem Höhlensystem durchzogen, das in weiten Teilen unerforscht ist. Ganz oben am Plateau spricht man von Höhlenruinen, deren Formung längst abgeschlossen ist, und die bereits wieder in sich zerfallen. Ganz unten sind die aktivsten Höhlen zu finden, die noch immer vom Wasser ausgefräst werden – wie beispielsweise die Koppenbrüllerhöhle bei Obertraun. Sie ist als Schauhöhle eingerichtet, möglichst naturbelassen, so dass man als Besucher ein Gefühl für Höhlenforschung bekommt.

Manni, der Berg- und Höhlenführer, dreht das Licht ab. Die Dunkelheit ist ebenso abrupt wie absolut. Die Aufgabe lautet, durch einen schmalen Gang bis zum Wasserfall weiterzutapsen. Die Minuten vergehen und die Schwärze

bleibt Schwarz. Die Hand vor Augen wird nicht sichtbar. Langsam tastet man sich voran, das Tosen des Wassers wird lauter, die Atmosphäre in der ungewöhnlichen Dunkelheit beängstigend. Manni hat ein Einsehen und dreht das Licht wieder auf. Man blickt auf den Bocksee, wo der Höhlenbach seinen Ursprung findet und von wo er mit reißendem Getöse dem Tageslicht zubraust – daher auch der Name der Höhle: Koppen-Brüller. Der Bach verschmilzt beim Höhleneingang mit einer Karstquelle, deren Wasserstand je nach äußeren Bedingungen erheblich schwankt: Geht über dem Plateau ein niederschlagsreiches Gewitter nieder, schwillt die Quelle mit mehrstündiger Verzögerung zu einem reißenden Strom an.

In dieser Umgebung kann man ins Höhlenforschen schnuppern. Manni teilt Anzüge zum Drüberziehen und Helme mit Karbidlampen aus. Dann schwingt er sich über das Absperrseil und verschwindet in einem Spalt in den Tiefen der Höhle. Wer ihm folgt, quetscht sich für die nächsten zwanzig Minuten durch enge Passagen, robbt im feuchten Sand, klettert Felsen hoch … Bevor die Panik kommt, ist man auch schon wieder draußen am vergleichsweise breiten Weg. Man ist froh, der Enge entflohen zu sein, und kann sich beim besten Willen nicht vorstellen, was Menschen antreibt, die gleich Tage im Inneren eines Berges verbringen. Freiwillig! Aber es gibt sie; vielleicht weil die Höhlenforschung eines der letzten übrig gebliebenen Abenteuer auf unserer Welt ist?

Den fast durchwegs männlichen Höhlenforschern hat es von den rund vierhundert am nördlichen Dachstein bekannten Höhlen vor allem die Hirlatzhöhle bei Hallstatt angetan. Erstmals wurde sie 1949 von den drei Hallstättern Karl Pilz, Georg Lackner und Franz Voggenhuber erforscht, bis dato sind etwas mehr als 90 Kilometer befahren, was sie zur längsten Höhle Österreichs macht. Die Hirlatzhöhle, so viel weiß man, führt tief unter das Dachsteinpla-

Unter dem Namen Eisklang finden hier im Sommer Klavierkonzerte statt.
The summer piano concerts held in here are known as the "Eisklang" or Ice Sound.

Bilderleiste:
Wanderweg von der Mammut- zur Rieseneishöhle
A hiking trail from the Mammoth Cave to the Giant Ice Cave

Der blaue Enzian gilt mit seiner reinen Farbe als Symbol der Treue.
The pure colour of gentian blue is a symbol of faithfulness.

Die Silberwurz *(Dryas octopetala)* blüht von Mai/Juni bis August.
The alpine flower called "Silberwurz" (Dryas octopetala) *blossoms from May/June to August.*

teau hinein, im Osten bis zum Rauerkogel und im Westen bis zum Grünkogel. Sie reicht vom Seespiegel bis fast zur 1600 Meter Höhenlinie, das sind mehr als tausend Meter maximaler Höhenunterschied. Weitere Forschungen noch tiefer in den Berg hinein werden für Mensch und Material immer extremer. Man muss sich das einmal vorstellen: über eine Woche im Licht der Karbidlampen unterwegs in der kalten Höhlenluft. Es hat so um die fünf Grad Celsius, die Luftfeuchtigkeit liegt bei hundert Prozent – da werden schon in der ersten Nacht die Schlafsäcke klamm.

Für den Normalbesucher eignet sich dann doch eher eine der beiden gut ausgebauten, gut ausgeleuchteten und neuerdings phantastisch inszenierten Schauhöhlen auf der Schönbergalm auf halber Höhe zwischen See und Berg. Von den über 60 erforschten Kilometern der Mammuthöhle – die so heißt, weil sie gar so groß ist – ist ein Kilometer zu einem guten Weg ausgebaut; ebenso einfach gestaltet sich ein Rundgang durch die nahe Rieseneishöhle, eine der größten der Welt.

Bizarre Eispaläste, kühle Eisberge und gotisch aussehende Eisdome lassen einen ehrfürchtig, urplötzlich auftauchende Projektionen, Laserlinien und Klettermaxe verdutzt staunen. Nein, man sieht keine Gespenster: In einem

aufsehenerregenden Projekt hat die Dachstein Tourismus AG, der die Seilbahn herauf gehört, in Zusammenarbeit mit der Kunstuniversität Linz Installationen aufgebaut, mit der deklarierten Absicht, „die Landschaft zu inszenieren". Das Ziel lautete, im Zuge der notwendig gewordenen Modernisierung der Seilbahn, Strategien zu entwickeln, damit auch in Zukunft der Besucherstrom stetig fließen möge. Nachdem am Dachstein praktisch jeder Stein unter Naturschutz steht, waren die Möglichkeiten begrenzt und man entschied sich,

Höhlen und Plateau von Kunststudenten in Szene setzen zu lassen.

So ist das eben heute. Nur mit ein paar Eisformationen und Wanderwegen kann man keinen Hund mehr hinter dem Ofen hervorlocken, schon gar nicht, wenn dies mit erhöhter Anstrengung verbunden ist. Wo die Pioniere vor hundert Jahren Tage, Wochen und Monate gebraucht haben, bekommen wir den Berg sozusagen am Präsentierteller serviert. Da nimmt man die Seilbahn auf die Schönbergalm, geht den bequemen Weg zur Eishöhle – staunt Ahs und Ohs –, fährt weiter auf zum Krippenstein und spaziert durch die seltsame Schönheit der Karstflächen am gut befestigten Karstlehrpfad. Dafür kalkuliert man einen Tag inklusive einer Rast auf der Schönbergalm bei hausgemachten Nudeln. Selbst Babys steht der Dachstein offen: Kostenlose geländegängige Leihkinderwagen erschließen das Plateau auch dem jüngsten Familienmitglied.

Ein absoluter Höhepunkt der gesamten Neuinszenierung des Berges ist die Aussichtsplattform „5fingers“ am Krippenstein. Fünf filigran aussehende Metall-Glas-Finger spreizen sich über einem 400 Meter tiefen, nahezu senkrechten Abgrund, an dessen Ende der Berg noch mal gut tausend Höhenmeter bis zum See hin abfällt. Direkt unter den Füßen breitet sich die ganze vom

Gletscher geschliffene Landschaft aus, mit dem Hallstätter See als zentralem Blickfang. Rechts folgen die Augen der engen Koppenschlucht hinüber ins Ausseer Land mit ihrem markanten Loser. Links schweift der Blick ungehindert bis zum Örtchen Hallstatt und hinauf zum Salzberg, den der Rudolfsturm markiert. Man ist hier heroben viel zu weit weg, um drunten Menschen zu erkennen, kneift man die Augen zusammen, sieht man das eine oder andere Boot am Wasser schaukeln.

Das Wetter kann in den Alpen rasch umschlagen. Vor langen Wanderungen sollte deshalb der Wetterbericht eingeholt werden!
The weather in the Alps can change extremely quickly. Before undertaking a long hike it is recommended that the weather forecast be consulted.

Zu Sonnenaufgang nimmt man die donnerstägliche Sonnenaufgangsgondel auf der Südseite oder man nächtigt in der nigelnagelneuen Lodge am Krippenstein und tritt zu gegebener Zeit vor die Tür, um der Sonne beim Aufgehen zuzusehen.

Bei all dieser Bequemlichkeit können die Dimensionen leicht verloren gehen. Dreht sich das Wetter, was mitunter plötzlich geschieht, fällt etwa Nebel ein oder ziehen Gewitter auf, hat der Berg wieder die Oberhand. Was nützen die besten Schilder, wenn man sie nicht sieht? Das größte Unglück am Dachstein ist nicht passiert, als die Erstbegeher ihre Routen suchten, sondern erst, als längst alles markiert und dokumentiert war: Zu Ostern 1954 verirrten sich drei Lehrer und zehn Kinder aus Heilbronn, die trotz Warnungen der Einheimischen zu einer Bergtour aufgebrochen waren. Nebel und Schneesturm, Regen und anschließender Sonnenschein im Schnee setzten ihnen so sehr zu, dass schließlich trotz des Einsatzes von vierhundert Rettungskräften kein Einziger überlebte. Das Unglück ist als Heilbronner Tragödie in die Annalen des Dachsteins eingegangen.

Wir möchten Sie also dringend bitten, die Wetterprognosen einzuholen und entsprechende Vorsicht walten zu lassen, bevor Sie in die Bergeinsamkeit aufbrechen. In die Bergeinsamkeit – bei all den Lehrpfaden, kinderwagerltauglichen Wegen und Hüttenerlebnisrestaurants? Das ist ja das Feine: Der Dachstein hat für jeden etwas. Für den Ausflügler in Halbschuhen und den Kletterer, für den Seilbahnfahrer und den rastlosen Wanderer in Bergsteigerstiefeln. Zwanzig Minuten von der Bergstation Krippenstein in Richtung Simonyhaus oder entgegengesetzt in Richtung Hochfläche am Stoa, und man ist alleine. Die schönste Zeit für Wanderungen ist im Juli, wenn Alpenrosen,

Die Thermik am Krippenstein ist oft vor allem an Nachmittagen ideal für Paragleitflüge.
The thermals in the Krippenstein are ideal for paragliding especially in the afternoon.

Enziane, Silberwurz und Sonnenröschen in ihrer entzückenden Blüte stehen. Mit etwas Glück laufen einem Schneehasen, Schneehühner, Alpenmurmeltiere oder gar Gämsen über den Weg, aufpassen sollte man lediglich auf Schlangen; die Kreuzotter, die häufigste Giftschlange Österreichs, sonnt sich gerne auf den hoch liegenden Felsen.

Zu wenig Action? Je besser erschlossen der Berg auf der einen Seite wird, desto extremer die Kicks, die sich Verwegene auf der anderen Seite schaffen. Hier die Seilbahn, da der Seewandklettersteig, von dem manche meinen, er sei der schwerste, steilste, längste und ausgesetzteste Klettersteig in Österreich, wenn nicht sogar der Alpen. Jedes Jahr holen die Bergretter hier Kletterer mit dem Hubschrauber aus der Wand, weil diese ihre Fitness überschätzen. Hier ein Kinderwagerlweg, da die winterliche Abfahrt über vereiste Steilhänge am Krippenstein, wo Bremsen unmöglich ist.

Das sommerliche Pendant zu diesem White-Rush-Skirennen ist der Dachstein Extrem Event. Dieser Teambewerb startet mit dem Paragleiter, der sich vom hohen Krippenstein zu Tal lässt. Dort übergibt er an einen Bergläufer, der den ganzen Weg wieder hochläuft und dabei die Route über den Seewandklettersteig nimmt. Von oben stürzt sich dann ein waghalsiger Freerider – bergab Rad fahren so schnell wie möglich – wieder hinunter. Den Abschluss macht der Schwimmer, der zum Einstieg zwölf Meter tief in den Hallstätter See springen muss. Auch Damenteams machen mit. Am Dachstein findet eben jeder das Seine.

Summary *Chapter 7:*
The Dachstein: A Mountain as a Stage Set

The Dachstein is not just a mountain, it is a king among mountains. The Styrian poet Peter Rosegger put into words what many mountaineers and mountain lovers, mountain dwellers and mountain tourists already know: "The Dachstein is a mountain with a personality." That he the mountain, not it, has recently been downgraded from being proudly over 3 000 metres to a more precise 2 995 metres has done nothing to diminish its grandeur. Indeed, it is almost impossible to escape its fascination – rugged, forbidding, and jagged when regarded from the south, and massive, imposing, and with glacier gleaming like a pearl when viewed from the north.

The mountain's own precipitous wall prevents an unobscured sight of the summit from the direction of Hallstatt. For the people of Hallstatt living at the foot of the Dachstein, he is the mountain that first brought the tourists. And for the mountaineers, Hallstatt is the legendary stopping-off point from which the Dachstein is accessed. Virtually everyone living in Hallstatt can count a salt miner among his or her ancestors as well as proficient mountain guide, a valiant member of the mountain rescue service, and there would be at least one capable mountaineer in the pedigree.

As previously recounted, since prehistoric times the inhabitants of the valley have herded their cattle up to the high alpine pastures of the Dachstein for summertime grazing. However, man waited until the 19th century before he himself ventured to the summit. Prior to that, the mountain had had the reputation, even among the most intrepid mountaineers, as being invincible. But one Peter Gappmayr, a simple peasant from Filzmoos, ended its reputation after a successful ascent in 1832, a date by which both Montblanc and the Grossglockner Mountain had long since been conquered.

Dachstein's "grand seigneur", however, was Friedrich Simony who was less of a mountaineer than an indefatigable explorer of the mountain. Simony was not a native

of Hallstatt having arrived for the first time at the age of 27 in 1840 but he was eventually considered to belong there. He made Hallstatt his base and from there set out to explore old paths and to seek new routes and he documented and mapped them all.

He explored the mountain valleys and Lake Hallstatt as well, and this began his interest in the Dachstein caves. In 1895 he wrote "The Dachstein Region: a Geographic Character Image from the Northern Alps of Austria", published by Hölzl-

Edition, which quickly became the definitive geological work on the mountain. It was Simony too who drew the Dachstein to the attention of Adalbert Stifter, a well known Austrian poet, and with it sowed the seeds of "Bergkristall", the book which immortalised this landscape in literature.

The Dachstein had its origins in the same salty tropical sea that filled the veins of Hallstatt with brine. Circa 240 million years ago there were no Alps, just a wide ocean separating the continents of Europe and Africa. The continental plates gradually drifted towards each other and finally collided, resulting in the Alps as the sediment from the ocean floor together with the remains of reefs folded and were pressed upwards.

Once the mountain had in effect been thrown up by forces within the Earth, other forces, such as gravity, took effect and shaped this starkly beautiful edifice into what we recognise today. But most of the sculpting was done by the Dachstein's glaciers that ground the valleys and moulded the basins throughout a history that includes several ice ages. The last period of glaciation, given the name "Würm", had its climax approximately 20 000 years ago at which time virtually the entire Alps were covered by a thick layer of ice. Valleys that had been previously formed were again completely filled with a solid mass of ice with only the highest points protruding. When the earth subsequently warmed again, and did so relatively quickly, within a period of a mere few thousand years, the glaciers melted equally quickly revealing the precisely carved and contoured surfaces, now a landscape of crystal clear lakes, dense coniferous forests, manicured gardens, and populated with little villages beneath the high mountain walls. In a word, the Salzkammergut emerged.

The ice and water also formed the mountain internally in a long-unseen and imposing fashion – a system of caves course through the Dachstein much of which remains

largely unexplored. To date several caves have been made accessible to the public and have proved a popular tourist attraction. The visitor is awed by beautifully illuminated bizarre ice palaces, astonished by ice-mountains and ice gothic cathedrals, and overwhelmed by unexpected projected images, laser-lights, and ghost-like climbing figures. Dachstein Tourism AG, owner of the cable car, in cooperation with the Art University of Linz, has constructed a number of attractions in the depths of the caves, with the declared intention of creating a sensational project of "staging the landscape in a new way".

The exterior is equally as spectacular. The "Five Fingers on the Krippenstein" comprises a platform of five filigree fingers of steel and glass extending over a four hundred metre vertical abyss at the bottom of which the mountain continues to fall away a further 1 000 metres down to the lake. The effect is to have at one's feet the entire glacier–moulded mountainscape with Lake Hallstatt a distant focal point.

KÜCHE

Den Gürtel weiter schnallen

Bild oben:
Fische wie die Reinanke gedeihen gerade in kaltem Wasser prächtig.
Fish such as the "Reinanke" thrive in the cold waters.

Bild rechts:
Nur mehr selten wird für die Fischerei das Holzboot benutzt.
The wooden boat is seldom used for fishing any longer.

Eine hauchdünne Decke aus Dunst liegt wie Milchglas über dem frühmorgendlichen See. Die Sonne bringt erst die Bergspitzen zum Erwachen; bis ihre Strahlen den weiten Weg hinunter zum Wasser finden, sind Peter Wimmer und seine Mitarbeiter längst wieder am Ufer. Peter Wimmer ist der Chef des professionellen Fischfangs am Hallstätter See, der die bescheidenen Ausmaße eines einzigen Fischkutters hat. Das ganze Unternehmen steht im Sold der österreichischen Bundesforste, denen als Nachfolger des Kammerguts hier fast alle Wälder und Seen gehören.

Nicht immer ist der Fischfang so idyllisch, wie an einem ruhigen, warmen Spätsommertag, sagt Peter Wimmer, zwar ruht die Fischerei im Winter, aber es kann auch zwischen Mai und November frostig und stürmisch werden. Fünfmal in der Woche fährt er mit seinen Männern hinaus auf den See. Damit knüpfen sie an die Tradition der kommerziellen Fischfahrt an, die hier seit dem 15. Jahrhundert Bestand hat.

13 Fischarten gibt es im See, erzählt Wimmer, darunter bekannte wie Forelle, Hecht und Barsch, aber auch weniger klangvolle Namen wie Äsche, Döbl, Rotauge oder Elritze. Kommerziell genutzt wird in erster Linie die heimische Reinanke, die im kalten, planktonreichen Wasser des Hallstätter Sees am Fuße der mächtigen Dachsteingletscher optimale Lebensbedingungen vorfindet.

Das Fleisch der Reinanke ist kernig, von weißer bis leicht rötlicher Färbung und deutlich weniger fett als etwa das Fleisch von Forelle oder Saibling. Der Geschmack ist etwas neutraler; sie wird vorwiegend gebraten,

Bild oben:
Ein Teil des täglichen Fangs wird gleich geräuchert.
Part of the daily catch is immediately smoked.

Bild rechts:
Seewirt Sepp Zauner mit der gebratenen Version der Reinanke
Chef Sepp Zauner with a fried "Reinanke"

gegrillt oder geräuchert serviert. Außerdem ist die Reinanke von Hallstatt ein Wildfisch und damit im Schnitt drei Jahre alt – ein gewaltiger Qualitätsunterschied zum Zuchtfisch, der in maximal einem Jahr angefüttert wird, betont Peter Wimmer, der auch noch stolz darauf hinweist, dass hier am See seit fünf Generationen nachhaltige Fischerei betrieben wird. Die von ihm angebotene geräucherte Reinanke hält, was er verspricht.

Gegenverkostung beim Seewirt Sepp Zauner. Dessen Gasthaus steht leicht versteckt im Hintergrund des Marktplatzensembles von Hallstatt, trotzdem findet alle Welt zu ihm. Was keine Übertreibung ist, über sein Faxgerät rattern Tischreservierungen aus Rom und Madrid, aus Tokio und Seoul. Seine Stuben bestechen durch ihre Zirbenholzrustikalität, die in ihrer ganzen Gepflegtheit an manchen Stellen gar ein wenig elegant rüberkommt. Vor den Fenstern rankt sich der Efeu das knapp hundert Jahre alte Haus hoch. Forelle, Saibling und Hecht kredenzt der stets in Lederhosen gekleidete Sepp Zauner genauso wie eben auch die Reinanke; Meeresfische kommen ihm nicht auf den Tisch. Seine Reinanke erweist sich im Übrigen als genauso köstlich wie beim Fischereimeister.

Der Zauner ist Mitglied bei den Salzkammergut-Fischrestaurants, sein zweiter Schwerpunkt liegt auf Fleisch und Wild – von den Almen und aus den Wäldern im Dachsteingebiet –, garniert mit Kräutern der Region. Seinen Hirsch serviert er etwa gerne mit selbst gepflücktem wilden Majoran, den er an Waldlichtungen findet, im Frühjahr füllt er Schweinefilets mit Bärlauch, und wenn das Jahr voranschreitet, rundet er seine Speisen mit Steinpilzen und Eierschwammerl ab, die seine Mitarbeiter sammeln. Bekannt ist er darüber hinaus für seine Grillspezialitäten, erzählt Sepp Zauner noch; etwas

Bild nächste Seite:
Auf der Terrasse des Seehotels Grüner Baum lässt sich fein speisen. Gemeinsam mit den beiden Kirchen ist das Hotel ein Wahrzeichen Hallstatts.
Fine dining is offered on the terrace of the lake hotel "Grüner Baum". Together with the two churches, the hotel is the hallmark of Hallstatt.

ganz Besonderes ist aber die Salzfürstenplatte: eine kalte Platte mit Wild, Schwein, Rind, geräucherter Reinanke, garniert mit Nüssen und Obst und dekoriert mit Latschen – ganz in der Art der mittelalterlichen Salzfürsten.

Der Zauner ist sozusagen der Platzhirsch in Hallstatt, auf der Suche nach einem bodenständigen Landgasthof führt kein Weg an ihm vorbei. Genauso wenig kommt man um den Grünen Baum umhin, wenn man in Hallstatt auf der Suche nach gehobener Küche ist. Der Grüne Baum liegt an prominenter Stelle, die vordere Terrasse öffnet sich direkt auf den Marktplatz, die hintere zum See, und die Nordseite wird von der evangelischen Kirche flankiert. Seit 1846 ist in der ehemaligen „Kaiserlich-Königlichen Wagendorferischen Salzfertigerbehausung“ eine Gastwirtschaft untergebracht, die in den 1950ern von den Geschwistern Kainz zum Seehotel Grüner Baum ausgebaut wurde.

Es war das erste Haus am Platz, eine Zeit, an die Monika Wenger nun anschließen möchte: Als sie den Grünen Baum vor ein paar Jahren übernommen hat, war er mehr oder weniger eine Ruine. Mit viel Energie und noch mehr Liebe zum Detail hat sie das Hotel wieder zu einem erstklassigen Refugium ausgebaut. Wenger stammt ursprünglich aus Bad Aussee. Sie hat lange

Hotel Grüner Baum

Restaurant zum Salzbaron

Jahre in der Nähe von Wien gelebt und sich nun zur Heimkehr entschlossen. Ihr liegt nicht nur das Hotel am Herzen, sondern auch die Gastwirtschaft, die heute den Namen Zum Salzbaron trägt. Zu einem Hotel gehört ein Restaurant, ist ihr Standpunkt. Verteilt auf die beiden Terrassen, eine gemütliche Stube in alten Gewölben sowie einen lichtdurchfluteten Speisesalon, servieren Wenger und ihr Team in erster Linie zeitgemäße österreichische Küche mit regionalen Zutaten. Der Mozzarella kommt bei ihr mitnichten aus Italien, er wird von einem Ischler Bauern extra für sie produziert. Das Fleisch holt sie fast ausschließlich aus Gosau, und ihre Bouillabaisse wird aus Fischen vom Hallstätter See gekocht. Jochen Haas und Romana Krumböck in der Küche sind keine bekannten Starköche, was sich bald ändern könnte: Besagte Suppe ist ebenso ein Gedicht wie die gebratenen Schweinsmedaillons im Speckmantel auf Nudelnest mit Gorgonzolarahm. Gott sei Dank, kann man nur sagen, hat Monika Wenger auch aufs Ambiente geschaut und etwa die grünen Plastikstühle aus ihrem Gastgarten geworfen und durch Flechtmöbel ersetzt.

Bild links:
Entree des Seehotels Grüner Baum mit seinem Restaurant Zum Salzbaron
The entrance to the lake hotel "Grüner Baum" and the "Zum Salzbaron" restaurant

Bilder oben:
Im Bräugasthof wurde bis 1914 noch Bier gebräut, heute ist er ein beliebter Gasthof.
Beer was brewed in the brewery until 1914 but now it is a popular restaurant.

Keine zwei Gehminuten vom Grünen Baum entfernt, findet man beim Bräugasthof einen Gastgarten, der etwas rustikaler geblieben ist. Welcher der beiden schöner ist, ist letztendlich Geschmacksache. Im Bräugasthof jedenfalls sitzt man im Schatten einer mächtigen Kastanie an rot-weiß-kariert gedeckten Tischen und lässt sich von der Chefin im Dirndl bedienen. Am Wasser gleitet ein Schwan vorbei, eine schwarze Katze schleicht lautlos über den grauen Kies. Blumen zieren das Geländer, in der Dämmerung sorgen kleine Lampions für gemütliche Stimmung, und sollte es einmal schlechteres Wetter haben, sind die romanisch-gotischen Gewölbe im Inneren ein herrlicher Rahmen fürs Dinner.

Das Gebäude auf mittelalterlichen Grundfesten besteht eigentlich aus drei ursprünglich unabhängigen Salzfertigerhäusern, die zusammengewachsen sind. Ab 1476, als Kaiser Maximilian dem Haus das Braurecht verlieh, wurde hier Bier gebraut: Getreide, Hopfen und Malz kamen mit den Salzschiffen auf ihrem Rückweg aus Böhmen. Weil in Hallstatt vieles Bestand hat, wurde auch die Brauerei erst 1914 aufgegeben, als alles Kupfer für den Krieg eingezogen wurde, darunter auch das Braugeschirr. Die Braurechte wurden verkauft, der Gasthof bestand weiter. Heute wird er von der jungen Verena Lobisser geführt, die damit an die Familientradition anknüpft, die durch einige Jahre, in denen der Gasthof verpachtet war, unterbrochen war. Was eine Absolventin der Filmakademie dazu bewegt, nach Hallstatt zurückzukehren? Verena Lobisser lacht: „Als Jugendliche wollte ich hier nur weg. Jetzt bin ich viel gereist, habe viel gesehen. So zog es mich eben wieder in die Heimat."

Sie ist 2007 mit dem Ziel angetreten, den Bräugasthof wieder als Treffpunkt zu etablieren und als traditionelles Wirtshaus neu zu beleben. Im Vordergrund steht bei ihr die gute bodenständige Küche, die mehr bietet als die schnelle Abspeisung des Tagesgastes. Ideen hat sie hunderte, wie sie selbst sagt, verwirklichen lässt sich halt alles nur Schritt für Schritt. Ein Anliegen ist ihr die richtige Mehlspeisküche, die sie in der nächsten Zeit gerne forcieren möchte. Auch für die Fischspeisen hat sie neue Zubereitungen im Hinterkopf, weg vom „im Ganzen gebraten". Zögernd finden sich außerdem erste Ansätze einer modernen Küche auf ihrer Speisekarte, wie etwa die ausgezeichnete Orangen-Karotten-Suppe.

Abendstimmung im Gastgarten vom Bräugasthof
An evening scene at the brewery inn garden restaurant

Saiblingsfilet mit Venusmuscheln in Safranfond und Gnocchi. Man legt die Speisekarte weg, blickt sich um und wundert sich: Hat man sich verlesen? Aber nein, hier geht es weiter: Hendlbrust mit Salbei und geschmorten Artischocken auf Schwammerl-Risotto. Crème brûlée mit Ingwer-Marillen und hausgemachtem Buttermilcheis. Grießknödel auf Zwetschkenragout mit hausgemachtem Holunderblüteneis. Ausgerechnet in diesem einfachen Wirtshaus am Ufer der Traun, das an keiner Ecke trendig oder elegant wirkt, ja noch nicht einmal rustikal aufpoliert ist, ein Menü wie im Hauben-Tempel? Die Koppenrast von Herbert Stricker ist das bestgehütetste kulinarische Geheimnis des Salzkammerguts. Sie findet sich in keinem Gourmetführer, hat keine Hauben, Sterne oder Goldene Kochlöffel als Auszeichnung, aber einen ausgezeichneten Koch, dessen Künste halten, was die Speisekarte verspricht. Herbert Stricker, der heute im einst großväterlichen Wirtshaus in der Küche steht, hat sein Handwerk im feinen Oberlech gelernt und setzt seit zehn Jahren die Trends in diesem abgeschiedenen Winkel Österreichs.

Seine Küche ist saisonbedingt, er scheut sich aber keineswegs davor, auch außerregionale Zutaten zu verarbeiten. Seine Meeresfrüchte sind genauso hervorragend wie seine Steinpilze, was er so erklärt: „Einen guten Meeres-

Bild links:
Haubenkoch Karl Pfliegler in seiner Küche in der Goiserer Mühle
Gourmet Chef Karl Pfliegler in his kitchen at the "Goiserer Mühle"

Bild oben:
Das Essen in der Koppenrast schmeckt genauso gut, wie es aussieht.
The meal in the "Koppenrast" tastes as good as it looks.

fisch bekomme ich heutzutage bei meinem verlässlichen Lieferanten problemlos. Da ist es oft schwieriger, ein gutes Wild aus der Gegend aufzutreiben." Sein Credo lautet, was nicht selbst gemacht ist, hat auf seinen Tellern nichts verloren. Er macht sich etwa die Mühe, seine Ravioli von eigenen Händen zuzubereiten oder seine Fische in Eigenregie zu räuchern; man schmeckt's! Er punktet mit seinen ausgefallenen Menüs bei den Zweitwohnsitzern aus Wien, die sich im benachbarten Bad Aussee eingekauft haben, genauso wie bei den Einheimischen, die sich mittlerweile dazu durchgerungen haben, sein Kochtalent anzuerkennen.

Die Stammgäste des sympathischen Kochs ohne Starallüren kommen vor allem am Sonntag: Dann gart er seinen Schweinsbraten im Rohr, für den manche sogar den ihrer Großmutter stehen lassen. Ein Tipp an dieser Stelle: Früh kommen, denn ist der Braten aus, gibt's den nächsten erst wieder am folgenden Sonntag – etwas vorzukochen und aufzuwärmen käme Herbert Stricker nie in den Sinn.

Kein Haute-Cuisine-Tester hat bis dato den Weg in den Koppenwinkel gefunden. Die sind etwas weiter draußen hängen geblieben: in Bad Goisern etwa. Hier steht Karl Pfliegler in der Küche der Goiserer Mühle, die er gemeinsam mit seiner Frau seit 1996 gepachtet hat. Er hat sich eine Haube erkocht und nach mehr steht ihm auch gar nicht der Sinn. Er bezeichnet seine Küche selbst als verfeinerte Regionalküche, kleine Produzenten beliefern ihn mit Bauernhendln, Merino-Schafen und Babybeef, mit Fisch und Wild. Freilich führt er als Gourmetrestaurant auch Meeresfische und -früchte auf der Karte, nach kurzem Nachdenken gibt er als Spezialitäten seines Hauses aber doch Saibling, Rehrücken, Lammrücken und frische Eierschwammerl an. Und in

Bild nächste Seite:
Einladender Gastgarten des Weinhauses Attwenger in Bad Ischl
The inviting garden of the Attwenger winehouse in Bad Ischl

einem Nachsatz bemerkt er bescheiden: „Ich glaub', bei den Braten bin ich nicht so schlecht." Zur Bestätigung serviert er ein absolut perfektes Eierschwammerl-Rostbratl mit Butterspätzle und eingelegten Steinpilzen.

Nachdem er keinen Koch gefunden hat, der seinen Maßstäben gerecht wird, steht er trotz seiner 59 Jahre Tag für Tag selbst in der Küche, seine Frau ist fürs Ambiente in der ehemaligen Mühle zuständig, über die Rainer Maria Rilke folgende Zeilen verfasste: „Weiß eine stille Mühle/drin alte Sagen gehn – /in grüner Lindenkühle/hab ich sie träumen sehn." Leider droht Pfliegler in der nächsten Dekade in Pension gehen, und da kann man nur raten: Hinfahren, solange er noch kocht.

Auch die Villa Schratt in Bad Ischl ist ein hochdekoriertes Restaurant, wenngleich Langzeitchef Günter Gaderbauer vor kurzem den Löffel an Rudi Hanke übergeben hat, der die Tester aber bereits von Neuem wieder überzeugt hat.

Die Villa Schratt ist eine wichtige Anlaufstelle für Bad-Ischl-Besucher: Hier wohnte die Seelenfreundin Kaiser Franz Josephs, die Schauspielerin Katharina Schratt. Eine kleine Brücke hinter dem Haus führte zum Weg, der die Schrattvilla mit der kaiserlichen Villa verband. Nach dem Tod seiner Frau Sisi, die angeblich diese Freundschaft forciert hatte, nahm der Kaiser jeden Sommermorgen diesen Weg, um bei Frau Schratt zu frühstücken. Punkt dreiviertel sieben betrat er das Haus, den Duft des frisch gebackenen Gugelhupfs in der Nase. Selbigen serviert man heute noch in der Villa Schratt nach dem Originalrezept. Wenn das kein guter Grund ist herzukommen …

Mehlspeisen sind auch eine Spezialität vom Weinhaus Attwenger. Das mag vielleicht ein wenig kurios klingen, aber Nomen ist eben nicht überall Omen.

Bild links:
Die rustikale Kaiserstube im Haubenrestaurant Villa Schratt
The rustic salon of the Emperor in the "Villa Schratt" gourmet restaurant

Bild unten:
Gugelhupf nach dem Originalrezept der Katharina Schratt
A "Gugelhupf" cake made to the original recipe of Katharina Schratt

WEINHAUS
ATTWENGER

Bild oben:
Holzhackernocken werden in heißem Schmalz herausgebacken.
"Holzhackernocken" or lumberjack-dumplings are fried in hot lard.

Bild rechts:
Fast möchte man Konditormeister Josef Zauner um seine Arbeit beneiden.
One envies Josef Zauner working as a master confectioner.

Die Erklärung dazu ist ebenso einfach wie einleuchtend: Irgendwann im Laufe seiner wechselvollen Geschichte als Gasthaus (seit 1648) wurde es von einem Herrn Attwenger übernommen, der daraus eine Art Heurigen machte. Die Zeiten sind längst passé, geblieben ist der Name.

Salzburger Nockerl, Topfenknöderl mit Mohnbrösel, Palatschinken mit hausgemachter Marillenmarmelade … da rinnt einem förmlich das Wasser im Mund zusammen. Vor allem, weil man sich bei Ernst Siegesleitner sicher sein kann, dass es vortrefflich mundet. Der stammt eigentlich aus dem Innviertel, kam aber schon für seine Lehre ins Salzkammergut und kochte schließlich im Hotel-Restaurant Goldenes Schiff. Das liegt am Traunkai mitten in Bad Ischl schräg gegenüber vom Attwenger, und Siegesleitner erinnert sich, dass er immer sehnsuchtsvoll hinüberblickte. 1998 gab er seiner Sehnsucht nach und pachtete das Attwenger (als Nachfolger von Karl Pfliegler von der Goiserer Mühle, ganz nebenbei bemerkt). Seither führt er hier mit seiner gehobenen klassischen Küche einen Feldzug gegen Convenience Food – auch Fusion cuisine braucht er nicht.

Der berühmte Zaunerstollen, dessen Rezept geheim gehalten wird
The recipe of the famous "Zaunerstollen" cake is a well-kept secret.

Bei schönem Wetter macht man es sich im Garten gemütlich, die letzten Sonnenstrahlen des Tages streifen verlässlich über die Tische. Ernst Siegesleitner kocht – Tafelspitz, Nockerl und Knödel – und weiß die Gäste dabei in den besten Händen von Oberkellner Manfred Thomas, der schließlich genauso zu einer bodenständigen Gastwirtschaft gehört wie ein Schnitzel auf der Karte.

Hier schließt sich der Kreis zum Bodenständigen. Bei den Nachfahren der Bergknappen und Holzknechte ist der Tisch üblicherweise deftig gedeckt: Kasnocken oder Kaspressknödel auf den Almen, Gröstel, Blunzen oder mit Knoblauch gebratener Fisch bei den Dorfwirten. Die Schlachtplatte – gebratenes, gegrilltes, geselchtes Fleisch, Wurst und Knödelspezialitäten – beim Moserwirt mitten in Bad Goisern bzw. gebratener Zander mit Petersilkartoffeln in der Rettenbachmühle sind neben Reinanke und Reh die Protagonisten der Salzkammergutküche.

In der Rettenbachmühle wurde angeblich sogar der Kaiserschmarren kreiert: Als der Kaiser einst nach einer Jagd hier einkehrte, war die Küche bereits geschlossen. Der Kaiser war aber hungrig, und so zauberte die Köchin aus den Restln – Milch, Eier, Zucker und Mehl – einen Teig, den sie im Schmalz erhitzte und im Rohr perfektionierte. Der Kaiser war begeistert und die österreichische Mehlspeisküche um eine Spezialität reicher. So wird das jedenfalls in der Rettenbachmühle erzählt, und wenn es nicht stimmt, ist es wenigstens gut erfunden.

Eine weitere, weniger bekannte Spezialität der Gegend sind die Holzhackernocken, wie sie beispielsweise in der Halleralm hoch über Bad Goisern auf Bestellung in der Pfanne serviert werden. Sie bestehen nur aus Wasser und Mehl und werden in der heißen Pfanne mit reichlich Schmalz zu dicken Kugeln gebraten. Es war die Mahlzeit der Holzhacker, die tagelang im Wald verbrachten und sich dort diese aus wenigen Zutaten bestehende, nichtsdestoweniger aber nahrhafte Speise schnell zubereiten konnten. Heute werden die Nocken wahlweise mit Sauerkraut oder Apfelkompott serviert, unsere Empfehlung gilt dem köstlichen Kompott.

Dürfte man für die ganze Region nur eine einzige kulinarische Adresse nennen, müsste das der Zauner in Bad Ischl sein. Wir haben ihn nicht deshalb an das Ende dieses schmackhaften Kapitels gestellt, weil wir mit dem Besten erst so spät wie möglich rausrücken, sondern weil es auf der Hand liegt: Das Süße kommt zum Schluss – idealerweise aus der Konditorei Zauner.

Josef Zauner führt die ehemalige k. u. k Hofbäckerei nun in der sechsten Generation, seine Vorfahren wurden von Dr. Wirer nach Bad Ischl geholt, wo sie 1832 ihre Konditorei eröffneten. Wirer hatte damit die Erbauung der Kurgäste im Sinn, damals wollte man noch, dass sie auch beim Essen Spaß haben und sie nicht wie heute mit Salatblättern und Körndlweckerl zu gesunder Ernährung bekehren. Als dann der Kaiser Ischl zu seiner Sommerhauptstadt erkor, wurde der Zauner rasch Hoflieferant für alles Süße. Dass der Kaiser selbst in die Konditorei gegangen sei, bezweifelt Josef Zauner, er versichert aber, dass Sisi sehr wohl persönlich hier vorbeigeschaut hätte, etwa auf ein Dessert und ein Glas Champagner.

Lange könnten wir noch aus der Geschichte und von prominenten Besuchern berichten, wir möchten Ihnen aber lieber die Spezialitäten des Hauses vorstellen: Ischler Törtchen – ein Mürbteigdessert mit Parisercreme und Schokoglasur; Ischler Oblaten – die einzigen österreichischen Oblaten, gefüllt mit Mandeln; Zauner Kipferl – Nusskipferl; und natürlich der Zauner Stollen. Der wurde 1905 erfunden und wird heute noch nach demselben Rezept zubereitet, das in einem Tresor wohl verwahrt liegt. So viel verrät Josef Zauner: Der Zauner Stollen besteht zu einem Großteil aus Nougat, Schokolade und Haselnüssen, er wird ohne Konservierungsmittel hergestellt und ist trotzdem zwei Monate haltbar. Wie das geht, bleibt sein Geheimnis. Schmecken tut er jedenfalls himmlisch, wie fein geriebene Schnitten mit ganz viel Creme, ein Geschmack, der vortrefflich zu seiner Entstehungslegende passt: Zuerst hatte man die Ischler Oblaten erfunden; bei der Produktion fielen aber immer wieder Bruchstücke an, für die man keine Verwendung fand. Also wurden die Reste zerkleinert, mit einer Nuss-Schoko-Masse vermischt und an die Kinder verkauft. Die waren so gierig danach, dass man die Produktion verfeinerte und den Erwachsenen servierte. Ein weltweiter Renner war geboren. Achtung: hohes Suchtpotential.

Summary *Chapter 8:*
The Cuisine: To Loosen the Belt

Thirteen different types of fish inhabit Lake Hallstatt among which is the Reinanke, a native of the waters. The lake is situated at the end of the mighty Dachstein glacier so it is icy cold and rich in plankton, ideal conditions for the Reinanke. Its flesh is white with a slightly reddish hue, tasty, and contains significantly less fat than its better known neighbour, the trout, or the fingerling called the "Saibling".

A degustation at the lake restaurant Sepp Zauner is a gourmet feast. The restaurant is hidden from view tucked away behind the market place in Hallstatt. Trout, fingerlings, and pike are always on Sepp Zauner's menu. Never out of a pair of "Lederhosen", he also offers the splendid "Reinanke", but no saltwater fish finds its way into his kitchen. He is a member of the Salzkammergut Fish Restaurants but that does not preclude Herr Zauner from having dishes on his menu of the finest meat from the animals found in the alpine pastures and venison from the deer of the Dachstein forest. Anyone in search of a truly indigenous rural restaurant should not miss "The Zauner".

Nor should anyone who appreciates fine dining bypass the "Grüner Baum" (the Green Tree). The restaurant is prominently located with the front terrace facing towards the market place, the rear terrace overlooking the lake, and the northern side flanked by the Protestant Church. Ever since 1846 a restaurant has occupied the site. The "Grüner Baum" offers a menu of modern Austrian cuisine using only regional ingredients. For example, the manageress, Monika Wenger gets her mozzarella cheese from a farmer in Ischl who produces it only for her. The meat comes almost exclusively from Gosau, and her Bouillabaisse is made only from Lake Hallstatt fish.

Only two minutes from the "Grüner Baum" is the "Bräugasthof", the brewery restaurant, with a more rustic atmosphere and a well-known garden restaurant. Here

tables are set with red and white checked tablecloths under the spreading boughs of a mighty chestnut tree and waiting on the tables is young Fräulein Verena Lobisser immaculately attired in a traditional "Dirndl". Her forté is good wholesome indigenous cuisine but perhaps closest to her heart are authentic Austrian sweets or desserts and she hopes to one day make them her speciality.

Another local restaurateur offers "Saibling" fillet with Venus shells in a saffron-fond with gnocchi. Or breast of chicken with sage and stewed artichokes on a mushroom risotto with crème brûlée, ginger apricots and homemade butter rice pudding to follow. This simple basic eatery is not to be found in any gourmet guide nor has it received any Michelin stars, or Golden Cook spoons, but it does have a marvellous chef whose skills enable him to fulfil the promises of the menu. It is to be found on the bank of the River Traun. It in no way resembles a modern and elegant-dining establishment; in fact, it has not even been refurbished in a rustic style, but it does offer a set menu in the appropriate temple-like environment. Herbert Stricker's "Koppenrast" restaurant is regarded as the best-kept culinary secret of the Salzkammergut.

The haute cuisine judges may never have found their way to the "Koppenwinkel" because they would have been waylaid elsewhere; in Bad Goisern for example, specifically at the "Goiserer Mühle". Here Karl Pfliegler runs the kitchen. He describes his cooking as refined regional cuisine and relies for his ingredients on the farmers in the district; one for country chicken, Merino lamb, and baby beef, and another for fish and game. Herr Pfliegler lists as his house specialities fingerling, venison back, saddle of lamb, and fresh chanterelles. Apparently on reflection he remarks: "Where roasts are concerned, I am not too bad, I think". By way of confirmation, he is known to serve an absolutely delicious chanterelle roast joint with "Butter-Spätzle" (hand-made lumps of dough) and pickled boletus mushrooms.

The Villa Schratt in Bad Ischl is yet another excellent restaurant but this one is highly decorated, not with Michelin stars, but with historic connections to the aristocracy for here the actress Katarina Schratt once lived, soul-mate of Emperor Franz Josef. The small bridge remains behind the house that once led to the path that linked Villa Schratt to the Imperial Villa. This fame alone makes it a tourist destination. After the death of his wife Sisi, who it is said approved of the friendship, the Emperor made his way every summer morning to the villa to take breakfast with Katarina Schratt. According to legend he would enter her house on the stroke of seven, inhaling the fragrance of a freshly-baked "Gugelhupf", a typical Austrian ring cake. The same cake, baked in accordance with the original recipe, is still served at the Villa Schratt. This alone is enough to attract the visitor.

"Salzburger Nockerl" (a sweet high and light soufflé), "Topfenknödel mit Mohnbrösel" (curd dumplings with poppy seed), "Palatschinken" (Austrian pancakes) served with homemade apricot jam are sure to activate the salivary glands of anyone with a sweet tooth.

And at the winery Attwenger in Bad Ischl, run by Ernst Siegesleitner, one can be assured of the authentic flavours.

A seat in the garden is recommended. On a fine day as the sun goes down the last rays gently warm the tables. The menu includes all the Austrian classics such as "Tafelspitz" (finest cut of beef boiled in a soup), "Nockerl" and "Knödel" (dumplings in different sizes) in addition to the sweets. And Herr Siegesleitner assures his guests of the best attention when in the care of Manfred Thomas, head waiter and as much an institution as the "Schnitzel" on the menu.

But the culinary crème de la crème of the region must be the "Zauner" in Bad Ischl. Josef Zauner is the sixth generation of his family to run the Royal and Imperial Bakery (Hofbäckerei). His ancestors first opened up their confectionary establishment in 1832 after being enticed to Bad Ischl by one Dr. Wirer, resident doctor of the spa at the time. It was his belief that his patients at the spa should enjoy their food – unlike the latter day dieticians with their regime of lettuce leaves and whole-wheat bread. Once the Emperor had chosen Ischl as his summer capital, Zauner was soon appointed purveyor to the Imperial court of all things sweet. Only a nibble of a "Zauner-Stollen" (a delicious cake made of nougat, nuts and chocolate in the shape of a loaf) is needed to explain quite why this should have been.

Danksagung

Herzlichst möchten wir uns bei folgenden Personen für die freundliche und tatkräftige Hilfe bei der Arbeit an unserem Buch besonders bedanken:

Claudia Höll und Angelika Pilz vom Tourismusverband Hallstatt, die uns mit Rat und Tat zur Seite standen.
Pamela Friedl stellvertretend für den Tourismusverband Inneres Salzkammergut.
Dieter Gamsjäger aus Hallstatt für seine unermüdlichen Bemühungen organisatorischer Natur und für sein stets offenes Ohr am Telefon.
Hofrat Dr. Anton Kern, Direktor der prähistorischen Abteilung im Naturhistorischen Museum Wien, für seine Ausführungen zum Thema Hallstattzeit und prähistorische Siedlungsgeschichte.
Dr. Michael Kurz, Bad Goisern, für seine kurzweilige Schilderung der Salzwirtschaft über die Jahrhunderte.
Mag. Markus Habsburg, Bad Ischl, für seine Zeit, Tipps, Anregungen und Informationen über das Salzkammergut.

Weiters möchten wir uns ganz vielmals bei allen Menschen, die in dieser wunderbaren Natur- und Kulturlandschaft leben dürfen, bedanken, die uns auf diese oder jene Weise im Laufe unserer Recherchen unterstützt haben. Darunter Stadtführer/-innen, Hobbyarchäologen, Gastwirte, Frühstückspensionsbesitzer/-innen, Handwerker/-innen, Tourismusdirektor/-innen, Gamstbartträger, Sportler/-innen, Musiker/-innen, Festorganisator/-innen und Küchenchefs, die gerne bereit waren, uns ihre ganz persönlichen Geschichten von und über ihre Heimat zu erzählen.

Literatur

Wolfgang Heitzmann: Goiserer Geschichten. Marktgemeindeamt und Kurverband Bad Goisern.
Michael Kurz: Von der Grundherrschaft zur Tourismusdestination. 350 Jahre Salzkammergut. OÖ. Heimatblätter, 2006 Heft 3/4.
Rudolf Lehr: Hallstatt. Oberösterreichischer Landesverlag 1979.
Kurdirekor Dieter Neumann, Prof. Rudolf Lehr: Bad Ischl und die Habsburger. Kurverband Bad Ischl 1992.
James Wilkie: Die Kaiservilla in Bad Ischl. Akademische Druck- und Verlagsanstalt Graz 2004.

Weitere Informationsquellen

www.hallstatt.net
Themenwege in Hallstatt, Obertraun, Bad Goisern, Gosau und Bad Ischl.

Die wichtigsten Kontakte und Adressen zum Inneren Salzkammergut und Bad Ischl*

** Geordnet nach Vorkommen im Text*

Tourismusverband Inneres Salzkammergut & Geschäftsstelle Bad Goisern
Kirchengasse 4, 4822 Bad Goisern
Telefon: +43 (0)6135 / 8329
Internet:
www.inneres-salzkammergut.at

Geschäftsstelle Hallstatt
Seestraße 169, 4830 Hallstatt
Telefon: +43 (0)6134 / 8208
Internet: www.hallstatt.at

Geschäftsstelle Obertraun
4831 Obertraun 180
Telefon: +43 (0)6131 / 351-2804
Internet: www.obertraun.at

Geschäftsstelle Gosau
4824 Gosau 547
Telefon: +43 (0)6136 / 8295
www.gosau.com

Tourismusverband Bad Ischl
Bahnhofstraße 6, 4820 Bad Ischl
Telefon: +43 (0)6132 / 277570
Internet: www.badischl.at

Salzwelten Hallstatt
Salinen Tourismus
Salzbergstraße 21, 4830 Hallstatt
Telefon: +43 (0)6132 / 2002400
Internet: www.salzwelten.at
Salzbergbahn, Salzbergwerk, Gräberfeldführungen von Ende April bis Ende Oktober geöffnet

Museum Hallstatt
Seestraße 56, 4830 Hallstatt
Telefon: +43 (0)6134 / 8280-15
Internet: www.museum-hallstatt.at

Sportgeschäft Janu
Shop & Archäologische Ausstellung
Seestraße 50, 4830 Hallstatt
Telefon: +43 (0)6134 / 8298

Kirche Hallstatt & Karner
Büro: Kirchenweg 40, 4830 Hallstatt
Telefon: +43 (0)6134 / 8279

Café-Bar & Damenschneiderei
Ruth Zimmermann
Marktplatz 59, 4830 Hallstatt
Telefon: +43 (0)6134 / 8306

Lederhosenmanufaktor
Johanna Röhrenbacher
Weinbach 75, 5351 Aigen-Voglhub
Telefon: +43 (0)6137 / 6666

Schuherzeugung
Rudolf Steflitsch-Haekl
4822 Bad Goisern 47
Telefon: +43 (0)6135 / 8227
Internet: www.goiserer.at

Bittner Hüte
Schutzenbichl 15, 4820 Bad Ischl
Telefon: +43 (0)6132 / 23367
Internet: www.bittner.co.at

Gosauer Stein- und Fossilienschleiferei
Gustav Gapp
4824 Gosau 709
Telefon: +43 (0)6136 / 8753
Internet: www.fossilien-gapp.at

Keramik Hallstatt
Thomas und Peter Gschwandtner
Seelände 54, 4830 Hallstatt
Telefon: +43 (0)6134 / 8219
Internet: www.keramikhallstatt.com

Berggasthof Rudolfsturm
Salzbergstraße 1, 4830 Hallstatt
Telefon: +43 (0)6134 / 20677

Kaiservilla
Jainzen 38, 4820 Bad Ischl
Telefon: +43 (0)6132 / 23241
Internet: www.kaiservilla.at
November bis März eingeschränkte Öffnungszeiten

Holzknechtmuseum Bad Goisern
Im Müllnerwäldchen,
4822 Bad Goisern
Telefon: +43 (0)664 / 5513661
Anfang Juni bis Mitte September, vormittags

Dachstein Wanderwelt, Abenteuerwelt, Höhlenwelt, Kunst, Bergbahn
Winkl 34, 4831 Obertraun
Telefon: +43 (0)6131 / 531-0
Internet: www.dachsteinwelterbe.at
Mai bis Oktober

Fischerei Hallstatt
Markt 169, 4830 Hallstatt
Telefon: +43 (0)6134 / 82 04

Gasthof Zauner – Seewirt
Sepp Zauner
Marktplatz 51, 4830 Hallstatt
Telefon: +43 (0)6134 / 8246

Restaurant zum Salzbaron und Kaiserstüberl
Seehotel Grüner Baum
Marktplatz 104, 4830 Hallstatt,
Telefon: +43 (0)6134 / 8263
Internet: www.gruenerbaum.cc

Bräugasthof
Familie Lobisser
Seestraße 120-121, 4830 Hallstatt
Telefon: +43 (0)6134 / 8221
Internet: www.brauhaus-lobisser.com

Gasthaus Koppenrast
Familie Stricker
4831 Obertraun 131
Telefon: +43 (0)6131 / 231

Hotel-Gasthof Goiserer Mühle
Familie Pfliegler
Kurparkstraße 9, 4822 Bad Goisern
Telefon: +43 (0)6135 / 8206
Internet: www.goiserermuehle.at

Villa Schratt Restaurant
Rudi Hanke
Steinbruch 43, 4820 Bad Ischl
Telefon: +43 (0)6132 / 27647
www.villaschratt.at

Weinhaus Attwenger
Familie Ute und Ernst Siegesleitner
Lehárkai 12, 4820 Bad Ischl
Telefon: +43 (0)6132 / 23327
Internet: www.weinhaus-attwenger.com

Gasthof Moserwirt
Kirchengasse 6, 4822 Bad Goisern
Telefon: +43 (0)6135 / 8231-0
Internet: www.moserwirt.at

Gasthof Rettenbachmühle
Christine Vierthaler
Hinterstein 6, 4820 Bad Ischl
Telefon: +43 (0)6132 / 23586

Konditorei-Café Zauner
Josef Zauner
Stammhaus Pfarrgasse 7, zusätzlich Sommerbetrieb (Mai bis September) im Café Esplanade, Hanser Allee 2
4820 Bad Ischl
Telefon: +43 (0)6132 / 23310-20
Internet: www.zauner.at

Veranstaltungshinweise

Seeprozession, Seerundlauf: Infos beim Tourismusverband Hallstatt

Kaisergeburtstag: Infos beim Tourismusverband Bad Ischl

Gamsjagatage, Geigenfest, Mountainbike-Trophy: Infos beim Tourismusverband Bad Goisern sowie im Internet unter: www.gamsjagatage.at, www.salzkammergut-trophy.at

Almabtriebe: Infos beim Tourismusverband Gosau

Dachstein Extrem: Infos beim Tourismusverband Obertraun sowie im Internet unter: www.dachstein-extrem.at

Sonnwendfeiern, Krampus- und Glöcklerläufe: Infos beim Tourismusverband Inneres Salzkammergut